Controla
tu
Actitud
en 30 días

Deborah Smith Pegues

EDITORIAL
PORTAVOZ

La misión de Editorial Portavoz consiste en proporcionar productos de calidad —con integridad y excelencia—, desde una perspectiva bíblica y confiable, que animen a las personas a conocer y servir a Jesucristo.

Título del original: *30 Days to a Great Attitude* © 2009 por Deborah Smith Pegues y publicado por Harvest House Publishers, Eugene, Oregon 97402. Traducido con permiso.

Edición en castellano: *Controla tu actitud en 30 días* © 2010 por Deborah Smith Pegues y publicado por Editorial Portavoz, filial de Kregel Publications, Grand Rapids, Michigan 49505. Todos los derechos reservados.

Traducción: Beatriz Fernández

EDITORIAL PORTAVOZ
2450 Oak Industrial Dr. NE
Grand Rapids, Michigan 49505 USA
Visítenos en: www.portavoz.com

ISBN 978-0-8254-1594-4

6 7 8 9 10 / 18 17 16 15 14

Impreso en los Estados Unidos de América
Printed in the United States of America

*Este libro está dedicado a todo lector
que se atreva a comprometerse a adoptar
la actitud correcta en cada situación.*

Reconocimientos

Doy las gracias especialmente a mi amiga Billie Rodgers, a la líder de mi grupo celular Shyrea Mills y a Ricky y Diane Temple por sus oraciones de apoyo para este proyecto. Mi hermano Rube Smith y su esposa, Gina, además de mi hermano Gene Smith me apoyaron de muy diversas maneras permitiéndome tener tiempo libre para escribir.

Agradezco a toda la familia de Harvest House por su flexibilidad y compromiso para conseguir un producto de calidad. Gracias en especial al presidente, Bob Hawkins (h), a Terry Glaspey, director de compras, y a mi editor Rod Morris, por impulsarme siempre a pasar al siguiente nivel, a pesar de mis protestas.

Finalmente, le estoy eternamente agradecida a mi esposo, Darnell, por su apoyo desinteresado, por estar dispuesto a sacrificar nuestro tiempo juntos y por ser el esposo más cariñoso y autosuficiente del mundo.

Contenido

Prólogo
Y entonces, ¿qué?

—Alicia, me han dicho que hoy te expulsaron del colegio. ¿Qué sucedió? —preguntó Ana a su sobrina.

—Mi profesor fue irrespetuoso conmigo, y cuando las personas no me respetan, reciben lo mismo de mi parte —dijo Alicia.

Aunque solo tenía once años, la actitud de Alicia ya estaba firmemente enraizada. ¿Cómo llegó a pensar así? Ana sabía que Alicia únicamente estaba repitiendo el mantra de su abuela: "Las personas que no te respetan no merecen tu respeto".

Sí, la programación de nuestra actitud comienza muy temprano en la vida. A menudo las actitudes más destructivas las aprendemos de nuestros padres, de nuestros abuelos o de otras figuras de autoridad en las que confiamos implícitamente, pero que a menudo, se ven a sí mismas como víctimas de las injusticias de la vida. Por desdicha, la abuela no le contó a Alicia que tal actitud sabotearía su relación con los profesores y con otras personas, y hasta su futura carrera, aunque esta pareciera estar a años luz de distancia todavía. Además de por su abuela, la actitud de Alicia se irá formando por la manera en que le respondan los demás, por los amigos que tenga, por los libros que lea, por su trabajo y por varios otros factores. Cada día tendrá que decidir cómo enmarcar y responder a las inevitables experiencias negativas de la vida.

De eso se trata este libro. No es un discurso enérgico sobre cómo mantener una actitud positiva. Ya se han escrito muchos libros muy buenos sobre eso. No los someteré a otro enfoque general del tipo "piense positivamente" respecto a este tema. Al contrario, exploraré treinta actitudes específicas que pueden sabotear nuestra vida personal y profesional. Para cada una de las actitudes que exponga, proporcionaré una breve explicación de la raíz del problema, su efecto en nuestras relaciones y cómo liberarnos de sus garras. Si necesitas un tratamiento más exhaustivo sobre una actitud en particular, ponte en marcha y busca más recursos en la Internet y en la biblioteca de tu zona.

En este libro, encontrarás ejemplos sacados de la vida moderna y de la Biblia sobre personas que representan o no el modelo de la actitud correcta a la hora de responder a algún tipo de situación. Te mostraré cómo vencer actitudes que van desde la intolerancia hasta sentirse con derecho a algo o ser un controlador, y te presentaré principios basados en las Escrituras, preguntas que te hagan meditar, oraciones y afirmaciones alentadoras, y estrategias para poner en marcha inmediatamente. Aunque estas últimas sean simples y realizables, eso no quiere decir que sean siempre fáciles. Seré muy transparente al compartir contigo varias actitudes equivocadas a las que tengo que enfrentarme incluso hoy día, a pesar de tener buenos líderes espirituales y mentores, y haber invertido muchos años en el estudio de la Biblia para aprender el modo en que Dios quiere que vivamos nuestra vida en toda su plenitud.

Sí, al igual que yo, puede que conozcas el camino hacia la victoria. Desdichadamente, el conocimiento no es la única clave del éxito. Tenemos que comprometernos a cambiar: empezar con un cambio en nuestra manera de pensar y en las emociones que asociamos a esos pensamientos sobre las inevitables situaciones negativas a las que nos tenemos que enfrentar. La doctora Caroline Leaf, autora y especialista en aprendizaje, lo resumió de la siguiente manera: "El comportamiento comienza con un pensamiento. Los pensamientos estimulan las emociones que después traen como resultado actitudes y finalmente producen comportamiento. Esta sinfonía de reacciones electroquímicas del cuerpo afecta a nuestra manera de pensar y de sentirnos físicamente. Por lo tanto, los pensamientos tóxicos producen emociones tóxicas, las cuales a su vez producen una actitud tóxica que acaban por acarrear un comportamiento tóxico".[1]

Pensamientos. Emociones. Actitud. Comportamiento. Sí, podemos controlar cada paso del proceso.

Finalmente, he comprendido que mi actitud determina que sea mediocre o excelente, ansiosa o calmada, intolerante o receptiva, o que exhiba muchas otras actitudes que acabarán por afectar mi calidad de vida. Como la elección es mía, he decidido elegir la plenitud en todos los aspectos de mi vida: en las relaciones, en las emociones, en las finanzas, en lo físico y en lo espiritual.

Te invito a unirte a mí en este viaje. Espero que aprendamos a mostrar la actitud correcta en todas las situaciones y a ser la luz brillante que disipa la oscuridad de un mundo negativo.

Día 1

Actitud distante

*Altivo, indiferente, impersonal,
emocionalmente frío*

Todos llegamos solos a este mundo y nos iremos solos de él. Sin embargo, Dios nunca pretendió que ningún hombre fuera una isla para sí mismo. Poco después de crear a Adán, Dios reconoció que su obra no estaba completa todavía. "Y dijo Jehová Dios: No es bueno que el hombre esté solo; le haré ayuda idónea para él" (Gn. 2:18). Así que creó a Eva. Aunque a algunos les gusta citar este pasaje para convencer a los jóvenes solteros a casarse, lo cierto es que no importa nuestro sexo o nuestro estado civil, todos hemos sido creados para tener relaciones significativas con otras personas. Si estudiamos la vida de Jesús, nos damos cuenta de que era una persona muy sociable y a menudo acudía a bodas, cenas y otros eventos sociales.

La frase "unos a otros", o parecido, aparece al menos ochenta y dos veces en la Reina Valera 1960. Está claro que el plan divino era que nos conectáramos y comunicáramos con otras personas de forma mutuamente beneficiosa, satisfactoria y productiva. Comportarse de otra manera es ir en contra del propósito que Dios tiene para su creación. Y es responsabilidad nuestra iniciar el contacto con los demás. "El hombre que tiene amigos ha de mostrarse amigo…" (Pr. 18:24).

Ser distante o emocionalmente indiferente va en detrimento de tu vida personal y también de tu carrera o tu negocio. En algunas profesiones, una actitud distante puede significar la muerte de una relación. ¿Has ido alguna vez a un médico o a algún hospital donde te hayan tratado con fría indiferencia? ¿Tienes ganas de volver por allí? ¿Qué pensaste de esa persona?

¿Y qué pasa con las personas emocionalmente distantes que proporcionan otros servicios? Estuve comprando en una tienda hace poco, y la empleada fue muy fría conmigo, a pesar de los intentos que hice para charlar un poco con ella. Como hay otros vendedores en la misma zona que ofrecen productos similares, me prometí eliminar esta tienda de mi lista para futuras compras. Créeme, cuando eres frío con otros, es muy probable que ellos emitan juicios sobre ti.

Bueno, antes de poner la soga para que se cuelgue toda persona fría con la que yo me haya encontrado alguna vez, he de confesar que a veces finjo ser indiferente para evitar que alguien entable una conversación conmigo, como por ejemplo cuando viajo en avión y me apetece leer. Suelo arrepentirme e iniciar una conversación, ya que el Espíritu Santo me condena rápidamente si no aprovecho la oportunidad de hablar del Señor y del estado del alma de la persona con la que hablo.

Quizá por razones justificables para ti, te hayas encontrado más de una vez mostrándote distante con otros. ¿Qué estabas intentando evitar o de qué te intentabas proteger? ¿Qué mensaje estabas enviando para no atreverte a hacerlo con palabras?

Como con la mayoría de los comportamientos sociales negativos, la frialdad se aprende desde la niñez. Una persona distante puede haber experimentado una serie de actitudes negativas en su familia, o por parte de profesores poco considerados, figuras de autoridad de su entorno o compañeros de clase mezquinos. Ejemplos de este tipo de experiencias pueden ser el traslado frecuente de colegio o de ciudad; el abandono; padres emocionalmente fríos o indiferentes; sufrir acoso escolar o ser ridiculizado; y otras relaciones negativas. Todas estas experiencias nos gritan: "¡Relacionarse con las personas es doloroso!". No obstante, Dios no quiere que pongamos a la raza humana la etiqueta de "No segura"; lo que quiere es que sigamos tratando de conectarnos con los demás. Una vez que empieces a abrirte a personas seguras, tus sentimientos de frialdad irán cambiando.

A fin de no simplificar en exceso la solución a este problema, tengo que advertirte que tomar con firmeza la decisión de cambiar no es suficiente. Necesitas la ayuda de Dios. Lucas 8:27-39 nos ofrece un relato sobre un hombre social y espiritualmente desconectado que estaba poseído por varios demonios. No tenía hogar, iba desnudo y vivía en un cementerio a las afueras de la ciudad. Es obvio que no mantenía relaciones normales con las demás personas. Pero tras su encuentro con Jesús, que expulsó los demonios de su cuerpo, estuvo preparado para relacionarse.

> *"Y el hombre de quien habían salido los demo-nios le rogaba que le dejase estar con él; pero Jesús le despidió, diciendo: Vuélvete a tu casa, y cuenta cuán grandes cosas ha hecho Dios contigo. Y él se fue, publi-cando por toda la ciudad cuán grandes cosas había hecho Jesús con él"* (Lc. 8:38-39).

No estoy diciendo que la frialdad se deba a la influencia de un espíritu maligno, sino que es un obstáculo emocional que puede ser sanado por nuestro Señor.

Una vez que busques la ayuda de Dios, pon tu fe en acción uniéndote a un pequeño grupo de estudio en la iglesia o a un grupo de apoyo. Si has estado fuera de la esfera social en tu trabajo, ¿por qué no les pides a algunos compañeros que te dejen unirte a ellos a la hora de la comida? ¿De verdad piensas que van a negarse? Puedes escuchar e intervenir en distintas conversaciones. Habla de lo que sabes y no creas que tienes que estar de acuerdo con la opinión de todos para ser aceptado. Ten el valor de decir: "Tengo otra opinión sobre el tema". Incluso aunque no tengas nada que aportar, haz preguntas y muestra interés. Resístete al espíritu del miedo cuando este te impulse a retirarte a tu caparazón o a evitar la intimidad con un pequeño grupo.

Mantén el rumbo. Dios quiere que estés conectado con otros.

Oración

Padre, ayúdame a mostrarme amistoso y a encontrar personas buenas con quienes relacionarme con regularidad para que pueda dar y recibir los beneficios de relacionarme con los que tú has dispuesto que estén en mi vida. En el nombre de Jesús. Amén.

Día 2

Actitud de enojo

*Hostil; mostrar o sentir odio o
enemistad hacia un grupo o persona*

Mi amiga Arbra Ezell, una consejera familiar muy espiritual, falleció en 2008, pero sus palabras vivirán mucho tiempo en mi memoria: "La ira es una emoción secundaria; debes identificar la emoción primaria que la provoca". Estas emociones primarias son las respuestas internas que asignamos a los eventos externos. Emociones como el dolor, la humillación, la decepción, la frustración, no sentirse respetado, sentirse ignorado, despreciado, manipulado y muchas otras emociones.

¿No sería genial poder simplemente eliminar nuestra respuesta emocional ante un suceso negativo? Por ejemplo, supongamos que hace varios meses ultimaste los planes para la celebración de tu aniversario de bodas con un grupo selecto de parejas. Has comprado entradas para el teatro para los ocho como expresión de tu aprecio por la amistad que los une desde hace tiempo. Has hecho ya las reservas para la cena de antes de la obra y estás deseando que llegue el momento de la celebración.

El día anterior a tu aniversario, la pareja X llama y te dice que unos amigos suyos han llegado inesperadamente y preguntan si pueden invitar a esta pareja a unirse a la celebración. Por supuesto, tú no has leído el capítulo de este libro que se titula "Actitud inflexible", así que inmediatamente asignas la emoción *irritación* a lo que percibes como un suceso negativo. Tu esposo y tú adoran a la pareja X, pero ellos realizan a menudo cambios de última hora en los planes ya establecidos, lo cual con frecuencia resulta frustrante para el resto del grupo.

¿Qué opciones tienes ahora? Podrías advertir a la pareja que estás intentando crear un recuerdo de los amigos más íntimos y que no deseas que una pareja ajena a este grupo se una a ustedes, o puedes acceder a que la pareja venga para más tarde mostrar tu enojo a través de una actitud impaciente con el personal del restaurante, o del teatro o, incluso, con la pareja que no conoces.

Este ejemplo casi inofensivo demuestra lo fácil que resulta desarrollar una actitud de enojo. No estoy intentando minimizar los daños mucho más serios sufridos a manos de padres poco considerados, cónyuges maltratadores, jefes mezquinos y demás. Si has sufrido daños de ese tipo y nunca les has puesto fin enfrentándote a ellos, es muy probable que hayas desarrollado una actitud de enojo hacia los que te recuerdan el penoso suceso original. Cuando otros observan esta actitud de enojo tuya, a menudo pueden juzgar mal tu comportamiento y distanciarse de ti sin realizar el más mínimo esfuerzo por entender el dolor subyacente en ella.

¿Qué tiene de bueno mantenerse aferrado al enojo? Una persona muy inteligente dijo una vez: "Cada minuto que pasas enojado, pierdes sesenta segundos de felicidad". Una actitud de enojo frustra tu desarrollo personal y profesional. También debes darte cuenta de que cuando acumulas enojo, concedes a todo lo que te lo produce —o el que te lo produce— el control sobre tu actitud. Es hora de volver a tomar el control. Dios quiere que estés en paz. "Quítense de vosotros toda amargura, enojo, ira, gritería y maledicencia, y toda malicia. Antes sed benignos unos con otros, misericordiosos, perdonándoos unos a otros, como Dios también os perdonó a vosotros en Cristo" (Ef. 4:31-32).

Las siguientes acciones te ayudarán a poner en práctica la decisión de desprenderte del enojo:

- Reconoce cuál es la emoción primaria que da origen a tu enojo.

- Sé consciente de cómo se manifiesta el enojo (en forma de hosquedad o de blasfemia).

- Controla el impacto del enojo en tu cuerpo inspirando profundamente y espirando con afirmaciones del tipo "Gracias, Padre" o "Recibo tu paz ahora".

- Vigila tu tono y tu lenguaje en todas las comunicaciones, no solo con la persona que te ha molestado. Pide en lugar de exigir. Sentirás que controlas más las cosas, y los demás estarán más motivados a cooperar contigo.

- Toma la decisión de perdonar. Sabrás que has perdonado cuando ya no desees que tu ofensor sea castigado. No confundas esto con tu sensación de sentirte herido todavía. Las emociones acompañan al comportamiento. Si sigues reabriendo la herida hablando siempre de la ofensa, nunca se sanará. Sigue haciendo lo correcto. Tienes un ayudante: el Espíritu Santo.

- Habla con un consejero si crees que necesitas más refuerzo práctico.

- Evita a las personas vengativas o negativas que te animan a mantener ese viejo comportamiento.

Oración

Padre, ayúdame a eliminar mi ira y amargura, y a liberar a todo aquel que me haya herido alguna vez. Muéstrame la oportunidad de conseguir un crecimiento espiritual y emocional en cada situación negativa. En el nombre de Jesús. Amén.

Día 3

Actitud apática

*Falta de interés o preocupación por
los problemas de los demás*

Una vez me contaron la historia de un profesor de ciencias sociales de una escuela secundaria que, frustrado por la apatía de sus estudiantes, entró un día en clase y, con gran indignación, escribió con letras enormes en la pizarra: A-P-A-T-Í-A entre signos de exclamación. Escribió con tanta fuerza que la tiza se rompió. Dos estudiantes, que se habían visto obligados a sentarse en la primera fila porque habían llegado demasiado tarde para sentarse en los sitios más populares —que eran los del final de la clase— lo miraron con su habitual falta de interés. Uno de ellos ladeó la cabeza hacia su compañero y preguntó:

—¿Qué es apatía?

—¿A quién le importa? —respondió el otro.

¿Esta actitud se parece a la tuya? ¿Estás tan centrado en tu vida que lo demás no te importa nada? Observemos algunos factores que pueden estar paralizando tu compasión, entusiasmo y motivación.

Falta de objetivos. Se cae en la apatía cuando se dejan de desear cosas y no se tiene un objetivo donde poner nuestras energías. ¿Qué solía emocionarte? ¿Por qué dejaste de tener interés en ello? ¿Es un deseo que podrías reavivar? Vamos, escribe algo —cualquier cosa— que podrías empezar a perseguir ahora. Olvídate del coste potencial o de todas las razones por las que la idea o actividad podría no funcionar. Sólo deja que tu imaginación se dé el lujo de sentirse esperanzada y emocionada con algo, aunque sea algo muy pequeño.

Objetivos equivocados. Tu falta general de motivación podría deberse a que estás persiguiendo un objetivo que te han impuesto, como por ejemplo conseguir un título en una materia que odias. O como Jonás antes de ser tragado por el gran pez, puede que estés remando a contracorriente de la voluntad de Dios para tu vida. ¿Has comprobado últimamente con el Altísimo si esto es así? ¿De veras te ha conducido Él hacia ese objeto de lujo que hace que debas trabajar el doble para pagarlo? O puede que ya haya finalizado el tiempo de ese objetivo que una vez formó parte del plan de Dios para una determinada época de tu vida. Seguir hacia adelante resulta a veces difícil, pero qué gozo y qué paz da saber que estás en el centro de su perfecta voluntad.

Apatía espiritual. Si tu amor por Dios ha menguado, entonces lo normal es que no te preocupes por las cosas que se refieren a Él. Bob Pierce, fundador de World Vision [Visión mundial], una organización cristiana humanitaria que lucha contra la pobreza y la injusticia de los niños y de sus comunidades por todo el mundo, una vez oró: "Que se me rompa el corazón con las cosas que le rompen el corazón a Dios".[2] Que amemos y nos preocupemos por nuestro prójimo es una de las prioridades del Señor.

Respondiendo a la pregunta: "¿Y quién es mi prójimo?", Jesús le contó una parábola a un grupo de judíos intérpretes de la ley sobre un judío que iba de viaje a Jericó y fue atacado por unos ladrones que lo dejaron medio muerto a un lado del camino (Lc. 10:25-37). Apareció por allí un sacerdote y, aunque lo vio, pasó de largo. También pasó por allí un levita —los ayudantes de los sacerdotes— y actuó de la misma manera. Finalmente, un samaritano —o sea un extranjero odiado— vio al hombre y le mostró compasión. Vendó sus heridas y lo llevó a una posada donde pagó por adelantado los gastos de varias noches. Jesús explicó que si amamos a Dios, debemos amar a nuestro prójimo, y que nuestro prójimo es cualquiera que nos necesite.

Pero ¿por qué demostraron el sacerdote y el levita tal apatía? Solo podemos asumir que estaban demasiado inmersos en sus propios asuntos. O puede que estuvieran abrumados por la magnitud del problema y no quisieran comprometer el tiempo y los recursos necesarios para ayudar al hombre a restablecerse.

Yo solía sentirme abrumada cuando escuchaba historias sobre los millones de niños que se mueren de hambre en el mundo. Después alguien me convenció para apadrinar a una niña pobre de otro país. Creo que gracias a mi apoyo, ella influirá en muchos otros. Cualquiera que sea la razón para no hacer nada, a Dios le resulta inaceptable. "Pero el que tiene bienes de este mundo y ve a su hermano tener necesidad, y cierra contra él su corazón, ¿cómo mora el amor de Dios en él? Hijitos míos, no amemos de palabra ni de lengua, sino de *hecho* y en verdad" (1 Jn. 3:17-18, cursivas añadidas). La amonestación es simple: "¡Haz algo!".

No hay nada más gratificante que servir a los demás.

Desdichadamente, si has perdido tu pasión por la vida, te verás en aprietos para intentar mejorar la calidad de vida de otra persona. Por eso debes empezar a luchar contra la apatía desde este mismo momento. Para cada categoría que aparece abajo, señala un objetivo realizable que creas que puedas conseguir en dos semanas:

Objetivo espiritual: _____

_____

(*Ejemplo*: cada día al despertarme, orar quince minutos por el gobierno, la iglesia, la familia y otras preocupaciones).

Objetivo en las relaciones: _____

_____

(*Ejemplo*: unirse al Facebook, la red social en línea, y volver a conectarse con los antiguos amigos).

Objetivo físico: _____

_____

(*Ejemplo*: caminar cinco kilómetros; pide a otros que se unan a ti).

Objetivo profesional: _____

_____

(*Ejemplo*: terminar en línea el tutorial gratuito del programa Microsoft Word).

Estos ejemplos que he dado son simples actividades que te ayudarán a avanzar hacia un objetivo. No se necesita dinero para realizarlas, solo el compromiso de llevarlas a cabo. Reaviva tu pasión por la vida. Hay personas ahí fuera que necesitan eso que Dios te ha dado, y tú necesitas lo que Dios les ha dado a ellos. Es hora de dejar de ser neutral y ponerse en marcha.

Oración

Padre, perdóname por desconectarme de ti y volverme apático ante las muchas ocasiones de servir que me has ofrecido. Renueva mi pasión por la vida y dame compasión por las necesidades de los demás. En el nombre de Jesús. Amén.

Día 4

Actitud condescendiente

Tratar con condescendencia o
superioridad a los demás

"¡Es tan fácil que hasta un cavernícola puede hacerlo!" GEICO, la compañía de seguros automovilísticos estadounidense, popularizó esta frase en su divertida campaña publicitaria para la televisión en la que se burlaba de la estupidez de los hombres de las cavernas al intentar asimilar la cultura moderna. Parece que todo el mundo se ha subido al tren y utiliza esta frase para enviar el mensaje: "Eres idiota si no lo entiendes". Aunque los anuncios nos pueden hacer reír, una actitud condescendiente no es tema de risa; hace daño a los demás. Puede minar la autoestima de una persona, especialmente si esa persona suele ser insegura. Por supuesto, los más condescendientes también están batallando con sus propias inseguridades.

Cuando te comportas con superioridad ante los demás, ya sea social o intelectualmente, estás demostrando falta de respeto, de gracia y de delicadeza. La mayor parte de las personas condescendientes tienen muchos conocimientos y habilidades; sin embargo, sabotean su propio éxito y sus relaciones al ignorar las habilidades básicas de otros. He observado que la desventaja de ser brillante es que esa brillantez suele ir acompañada de impaciencia hacia esos "retrasados mentales" —que al parecer son casi toda la población mundial a los ojos de los que son muy inteligentes y agudos.

El apóstol Pablo, que era un hombre de gran educación, conocía las dificultades que acarrea tener muchos conocimientos y un gran legado. Advirtió: "Porque ¿quién te distingue? ¿O qué tienes que no hayas recibido? Y si lo recibiste, ¿por qué te glorías como si no lo hubieras recibido?" (1 Co. 4:7). Una persona así haría bien en darse cuenta de que su inteligencia, experiencia y situación son dones de Dios. Pablo trató este tema más adelante cuando amonestó: "Tened el mismo sentir unos con otros; no seáis altivos en vuestro pensar, sino condescendiendo con los humildes. No seáis sabios en vuestra propia opinión" (Ro. 12:16, LBLA). La tarea aquí es condescender sin ser condescendientes.

Vamos a observar algunas expresiones comunes de la vida personal y profesional que podrían ser percibidas como condescendientes, y veamos cómo modificarlas para alentar en lugar de desanimar una comunicación eficaz.

Para decirlo de forma sencilla. Como contadora pública certificada, tengo el gran privilegio de servir como consultora financiera de un selecto número de iglesias. Al presentar la información un tanto técnica a los comités directivos o a otros grupos que no tienen conocimientos contables, tengo que prestar atención y evitar utilizar frases del tipo: "A ver si puedo explicarlo de forma más sencilla". Desde luego mi objetivo es explicar la información de forma sencilla para que se entienda lo mejor posible, pero como he estudiado el comportamiento humano durante muchos años, soy consciente de que una frase así podría interpretarse como: "Ustedes son inferiores a mí intelectualmente y necesitan un poco de entrenamiento para poder comprender lo que digo". Una frase más adecuada sería: "Si no he sido lo suficientemente clara en este punto, háganmelo saber, por favor".

Eso ya se ha propuesto. Cuando se hacen reuniones de "tormenta de ideas", pueden surgir ideas repetidas, ya que cada uno está tan concentrado en sus pensamientos que puede no haber escuchado la idea propuesta anteriormente. Nunca hay que responderle a esa persona diciéndole cosas como: "Ya habíamos pensado en eso". Esto se podría interpretar fácilmente como: "Vas en el vagón de cola. Nosotros pensamos más rápido que tú". En su lugar, es mejor decir: "Muchas gracias, las grandes mentes piensan de forma similar. Ya habíamos pensado en ese posible enfoque".

Eso ya lo intenté. Cuando un amigo o un colega intenta contarnos una experiencia o hacernos una sugerencia útil, pero que nosotros ya hemos intentado, no hay que rechazarla de forma cortante e impersonal diciendo: "Eso ya lo intenté", como hacen muchas personas. Eso es lo mismo que decir: "¡Qué idea más inútil!". Es mejor decir simplemente: "Gracias por tu idea".

Si te das cuenta de que has hecho un comentario condescendiente, pide perdón de inmediato y explica cuál es tu objetivo y lo que deberías haber dicho. "Lo siento, no intentaba resultar condescendiente. Sólo estoy tratando de dejar claro lo que estamos discutiendo y ver si los dos estamos hablando de lo mismo".

Ser sensible al impacto que pueden causar tus comentarios condescendientes en otros exige oración y práctica. Una vez más deberías guiarte por la regla de oro: piensa cómo te sentirías si alguien te dijera o hiciera lo que vas a decir o hacer.

Oración

Padre, reconozco humildemente que todo lo que sé y todo lo que tengo son dones que vienen de ti. Enséñame a abrir la boca con sabiduría y a edificar a los demás en lugar de derribarlos. En el nombre de Jesús. Amén.

Día 5

Actitud discutidora

*Camorrista; enredarse con frecuencia
en discusiones y disputas*

"Da igual lo que diga, ella siempre tiene un 'pero',
incluso cuando discutimos temas que no nos importan
a ninguno de los dos —dijo George—. Me pregunto
por qué le gusta tanto discutir".

Su exasperación era evidente. Yo conocía a su mujer
y en silencio le di la razón: era una mujer a la que le gus-
taba discutir. Al escuchar esta queja, me vino a la mente
un proverbio bíblico.

*"Mejor es estar en un rincón del terrado, que con
mujer rencillosa en casa espaciosa"* (Pr. 25:24).

Mujeres casadas, escuchen. Si su esposo se ha reti-
rado a un rincón emocionalmente y ya casi han dejado
de comunicarse, piensen si su actitud le ha conducido
hasta allí. ¿Es fácil hablar contigo? ¿Realmente escuchas e
intentas entender a tu esposo o haces juicios precipitados
sobre su comportamiento? Tu actitud establece la fragan-
cia de tu hogar; tú eliges que sea placentera o que apeste.

He disfrutado durante más de treinta años creando un ambiente de paz, felicidad, aceptación de diferencias, y comunicación honesta y directa en nuestro hogar. He hecho todo lo posible por inspirar a mi esposo reafirmando y apoyándolo a él y a sus objetivos. No han sido necesarias las quejas.

"Gotera continua en tiempo de lluvia y la mujer rencillosa, son semejantes" (Pr. 27:15).

Sí, los esposos también pueden ser rencillosos; sin embargo, ese tipo de actitud es más común entre mujeres. Y no, no estoy absolviendo a los esposos de sus responsabilidades de amar, proteger y proveer para sus familias, como líderes espirituales de la casa. Pocas cosas hacen que una mujer se vuelva más propensa a discutir que cuando el esposo no lleva bien a cabo esas tareas.

Las discusiones molestan a todos, excepto a los que les gusta discutir. Una vez oí hablar de una divertida pegatina que decía: "Las personas que creen saberlo todo resultan muy molestas, especialmente para los que lo sabemos todo".

Por supuesto, esposas que hacen críticas continuamente no son las únicas personas con tendencia a discutir. También es una actitud que se da con más asiduidad entre personas mayores que, al sentirse inútiles, intentan demostrar que, por lo menos, saben más. También son culpables de esto las personas de distintas tendencias religiosas que luchan por defender su fe, pero no han aprendido a hacerlo sin discutir, incluso dentro de su mismo grupo religioso. He oído historias de ocasiones en las que casi se ha llegado a las manos en la escuela dominical. Tenemos que aprender que las peleas no invitan a nadie a cambiar.

¿Y tú? ¿Tienes que decir siempre la última palabra en una discusión? ¿Te sientes impulsado a discutir sobre todos los temas que surgen? La idea de Dios sobre las discusiones es clara: "No tengas nada que ver con discusiones necias y sin sentido, pues ya sabes que terminan en pleitos. Y un siervo del Señor no debe andar peleando; más bien, debe ser amable con todos, capaz de enseñar y no propenso a irritarse" (2 Ti. 2:23-24, nvi). Este pasaje nos enseña cuatro estrategias para superar una actitud pendenciera.

"No tengas nada que ver con discusiones necias". Puedes cortar una discusión en seguida si te niegas a participar en una conversación que no lleva a ninguna parte.

"El que comienza la discordia es como quien suelta las aguas; deja, pues, la contienda, antes que se enrede" (Pr. 17:14).

¿Para qué discutir con alguien que está firme en sus creencias? Planta con calma las semillas de la información en la mente de la persona y encomienda el tema a Dios, el único que puede hacer que una persona esté receptiva a una idea.

"Debe[s] ser amable con todos". No hay por qué ser hostil, condescendiente o desagradable con cualquiera que no comparta nuestras opiniones. ¿Qué te impulsa a ser tan poco amable? ¿Tienes que dejar claro que la otra persona está equivocada para demostrar lo que vales?

Si el tema en cuestión no es inmutable y no afecta a tu calidad de vida, aprende a permitir que otros se den el lujo de tener su propia opinión sin mostrar tu desdén.

"Capaz de enseñar". Debes tener conocimientos y ser capaz de presentarlos de forma coherente, pero no los uses para vencer al contrario y hacer que se someta a tu punto de vista. Tienes que entender que tu habilidad para enseñar no impide que puedas aprender también.

"No propenso a irritarse". El resentimiento no es más que ira no resuelta. Sé honesto con todo aquello que te hiere, te disgusta o te desilusiona y que puede estar alimentando tu actitud dogmática sobre un tema en particular. Pídele a Dios que te dé ánimo y fortaleza para enfrentarte a ello y liberarte.

Oración

Padre, tu Palabra dice que no debo discutir neciamente, así que me arrepiento de todas las veces en las que lo he hecho. Te pido que hagas de mí un instrumento de paz para que las personas sean receptivas a las verdades que tú revelas a través de mí. En el nombre de Jesús. Amén.

Día 6

Actitud desdeñosa

Mostrar arrogancia, indiferencia brusca

Antes de empezar a escribir cada capítulo de este libro, me examino a mí misma para ver si muestro la actitud particular de la que hablo antes de lanzarme a "arreglar" la actitud del lector. Con unos minutos de reflexión, me doy cuenta de que he sido desdeñosa en algunas situaciones. Aunque no voy a dar detalles aquí, daré un par de razones de por qué me comporté así.

En una ocasión, la persona que desdeñé no tenía razón en lo que decía o intentaba discutir del tema sin tener pruebas concretas. Odio que las personas hagan eso (sí, ya sé que tú también). Estoy decidida a no pelearme con un tonto, así que me despedí de él. En otra oportunidad, la persona en cuestión sí tenía los datos correctos, pero yo estaba tan estresada en aquel momento que no quería oír hablar de mi fracaso comunicativo, así que deseché su aportación para evitarme a mí misma una penosa verdad.

He visto a otros adoptar esa actitud desdeñosa cuando tienen ideas muy enraizadas sobre un tema o tienen sentimientos negativos hacia la persona que hace la petición o que argumenta en contra. Por ejemplo, caminaba por la playa con dos amigas a las que llamaré Raquel y Laura. Raquel comentó que le encantaba observar la hermosa costa de California al amanecer.

—La próxima vez, deberías traer la cámara y captar el momento —respondió Laura.

—Bueno, tampoco es como para eso —replicó Raquel.

Me sentí mal al ver que la sugerencia de Laura había sido rechazada con tan poca sensibilidad. Es cierto que ella tiene el molesto hábito de decirnos siempre lo que debemos hacer. Pero eso no era excusa para que Raquel respondiera de la forma en que lo hizo.

Los esposos a menudo responden de forma desdeñosa a las preocupaciones de sus esposas. Esto puede llegar a romper una relación. Pensemos en esta charla entre Juan y Margarita cuando regresaban a casa después de un evento social de la compañía.

—Beatriz parecía estar coqueteando contigo en la fiesta esta noche —dijo Margarita.

—Vamos, ¡deja de ser tan insegura! —respondió Juan.

Juan podría haber dicho: "Bueno, no me di cuenta. De todas formas, tú eres la única que me importa". ¿Ves lo suave que es esto? Habría sacado mucho más partido a esta respuesta que a la que dio.

Si eres el supervisor o la autoridad a cargo, debes ser consciente de tu manera de responder a las opiniones de tus subordinados porque esto puede ir en detrimento de su moral y productividad. Incluso aunque alguien exponga una idea que a ti te parece completamente inútil, debes resistirte a la tentación de desdeñarla. Un simple

"Gracias por tu aportación" tendrá un efecto más positivo que un "Eso no va a funcionar".

Cualquiera que sea la relación que tengas con una persona, cada vez que te muestras desdeñoso con alguien estás enviando el mensaje: "Tu idea es insignificante para mí"; "Tus opiniones o sentimientos no me interesan"; "Te desprecio a ti y a tu idea". Expresadas o no, estas declaraciones hacen que la otra persona sienta que carece de valor y que no se la respeta. Especialmente cuando esta cree que se ha ganado el derecho a que se le tenga una consideración especial.

Esto queda demostrado con la historia de Nabal y David en 1 Samuel 25. Nabal era un hombre rico que vivía en una ciudad a cierta distancia de donde esquilaba sus ovejas. En la época en la que David estaba huyendo de la ira del rey Saúl, él y sus seiscientos hombres acamparon cerca del lugar en el que los pastores de Nabal cuidaban de su ganado, lo cual proporcionaba un muro de protección para ellos. Más tarde, cuando necesitaron alimentos, David envió un contingente de hombres a pedirle ayuda a Nabal y a recordarle que ellos habían protegido los rebaños y a los pastores. Nabal respondió tal como significa su nombre, como un necio:

> *"Y Nabal respondió a los jóvenes enviados por David, y dijo: ¿Quién es David, y quién es el hijo de Isaí? Muchos siervos hay hoy que huyen de sus señores. ¿He de tomar yo ahora mi pan, mi agua, y la carne que he preparado para mis esquiladores, y darla a hombres que no sé de dónde son?"* (1 S. 25:10-11).

Su actitud desdeñosa casi le costó la vida a toda su casa. Cuando los hombres de David le contaron cómo había respondido Nabal, él les dijo que se le unieran para aniquilar a Nabal y todo lo suyo. Si no hubiera sido por la intervención de la hermosa esposa de Nabal, Abigail, todo habría sido destruido. Rápidamente mandó preparar provisiones para todo el ejército y las entregó ella en persona como ofrenda de paz. Se reunió con David cuando iba de camino a destruir a Nabal, a su familia y a sus trabajadores. La ira de este varón se aplacó.

Tienes que entender que cuando desdeñas a los demás, muchas veces ellos encuentran la manera de mostrar su descontento. Deberías evitar el desastre en las relaciones siendo más consciente de tu comportamiento.

Las opiniones, necesidades e ideas son tan personales e individuales como los gustos. Solo porque tú no hayas pensado de cierta manera respecto a un asunto, eso no quiere decir que tengas que ser desdeñoso con los que piensan o actúan de manera distinta. La única solución a este problema es escuchar de forma atenta y provechosa a los demás y hacer todos los esfuerzos posibles por entender y tratar sus preocupaciones. Obtendrás grandes beneficios de ello.

Oración

Padre, perdóname por la insensibilidad que he demostrado al comportarme de forma desdeñosa con otros. Con tu ayuda, me comprometo a escuchar y responder a los demás con gracia y sabiduría. En el nombre de Jesús. Amén.

Día 7

Actitud defensiva

Justificar constantemente nuestras
acciones para evitar la crítica

—Silvia, me parece que has sido un poco dura con María. Creo que le dio vergüenza que la reprendieras frente al resto del equipo.

Carla estaba intentando encontrar las palabras adecuadas; sabía cuánto le costaba a Silvia aceptar las sugerencias de los demás. Las palabras salieron de boca de Silvia casi inmediatamente:

—Oh, no, no lo entiendes. Verás…

Ya empezó de nuevo —pensó Carla—. *Siempre está justificando su comportamiento, por malo que sea.* Carla se consideraba una amiga bastante íntima, pero francamente, estaba harta de que Silvia siempre estuviera a la defensiva.

La actitud de Silvia contrasta totalmente con la de David, el personaje bíblico que pasó de pastor a rey de Israel. En las ocasiones en las que pudo haber justificado sus acciones impías o poco sabias, reconoció rápidamente sus errores. Por ejemplo, cuando huía de la ira del rey Saúl, buscó la ayuda de un sacerdote; una decisión que trajo como consecuencia que Saúl ordenara matar a ochenta y cinco sacerdotes y a sus familias. Desolado, pero sin estar a la defensiva, David le contó al hijo sobreviviente del sacerdote asesinado de quien había recibido ayuda: "…Yo he ocasionado la muerte a todas las personas de la casa de tu padre" (1 S. 22:22). ¿Te imaginas lo que es aceptar la responsabilidad plena de una consecuencia tan trágica? En otra ocasión, cuando el profeta Natán se enfrentó a David por su adulterio con Betsabé y su intento de encubrir el embarazo de ella matando a su esposo, David simplemente dijo: "…Pequé contra Jehová…" (2 S. 12:13).

¿Tendrías la madurez emocional o espiritual para admitir algo así? ¿O tienes tendencia a defender siempre tus acciones por miedo a ser juzgado, criticado, aislado o rechazado? ¿Te sientes atacado cuando alguien te ofrece sus sugerencias, sean afirmativas o negativas? ¿Cómo respondes? ¿Te retiras en silencio? ¿Reaccionas acusando o echándole la culpa al "atacante"? ¿Haces comentarios hostiles? ¿Te pones sarcástico?

Cuando uno está a la defensiva, ya sea en deportes, en el ejército o en las relaciones diarias de la vida, está intentando protegerse ante un oponente o lo que se considera un oponente. He notado que aquellos que se tienen en poca estima sienten que deben protegerse de la crítica y los juicios de otros. Por supuesto, todos tenemos tendencia a estar a la defensiva de vez en cuando. Sin embargo, si notas que esto se ha convertido en un patrón de comportamiento en tu vida, deberías poner en práctica las siguientes recomendaciones.

- Escúchate a ti mismo y sé consciente de tu tendencia a justificar constantemente tus actos.

- Cuidado con el lenguaje corporal defensivo. Por ejemplo, cruzar los brazos cuando alguien te está haciendo un comentario puede ser tu forma inconsciente de expresar: "Estoy totalmente cerrado a lo que estás diciendo". Que tu lenguaje corporal sea positivo (como cuando te muestras agradable mientras escuchas atentamente).

- Contrarresta la ansiedad que surge cuando te sientes atacado, respirando profundamente y orando en silencio: "Señor, estoy recibiendo tu fuerza en estos momentos". Combinar el acto físico y el espiritual te ayudará a minimizar la respuesta emocional.

- Si existe una auténtica y creíble justificación para tu acción, mantén la calma, de manera desapasionada. (Si eres realmente valiente, pregunta a un amigo de confianza o a un compañero de trabajo si cree que estás a la defensiva. Después, si su respuesta es afirmativa, trata de no ponerte a la defensiva).

- No ataques a tu "atacante". Pregúntale qué habría hecho en aquella situación. Después, agradécele sus ideas.

- Si has tomado una mala decisión o te has comportado de forma equivocada, intenta admitirlo mucho antes de que se sepa. Un simple "Cometí un error" hace maravillas en tus relaciones y en tu confianza una vez que decides no permitir que tus errores te definan o saboteen tu calidad de vida.

- Introduce humor en la situación. ("¡Ups! Metí la pata, ¿no?")

- Considera los comentarios que se te hacen como una oportunidad para el crecimiento personal y una herramienta para desarrollar mejores relaciones. Recuerda: "El que tiene en poco la disciplina menosprecia su alma; mas el que escucha la corrección tiene entendimiento" (Pr. 15:32).

Oración

Padre, haz que acepte los comentarios y me resista a estar a la defensiva para que pueda crecer y glorificarte en todos mis actos. Cura mi inseguridad y mi necesidad de echarles la culpa a los demás. En el nombre de Jesús. Amén.

Día 8

Actitud elitista

*Creer que tú o tu grupo son superiores
debido a la educación recibida,
la situación financiera, social o
religiosa, o cualquier otra ventaja*

¿Alguna vez has aislado a alguien o lo has considerado inferior porque no compartía o poseía una ventaja de la que tú disfrutabas? Un pensamiento elitista de ese tipo no es una actitud moderna. Ya podemos apreciarla en los tiempos de Moisés.

Cuando Dios ordenó a los ancianos judíos que se presentaran ante Él para ser ungidos de una forma especial durante el viaje de los israelitas a la tierra prometida, derramó su Espíritu sobre todos los que acudieron, y ellos profetizaron. Sin embargo, dos de los ancianos se quedaron en el campamento y no asistieron. No obstante, alguien los vio profetizando y rápidamente se lo contó a Moisés.

*"Entonces respondió Josué hijo de Nun, ayudante
de Moisés, uno de sus jóvenes, y dijo: Señor mío Moisés,*

impídelos. Y Moisés le respondió: ¿Tienes tú celos por mí? Ojalá todo el pueblo de Jehová fuese profeta, y que Jehová pusiera su espíritu sobre ellos" (Nm. 11:28-29).

Josué creía que solo el grupo selecto que se había presentado ante el Señor debía profetizar. En el Nuevo Testamento, vemos cómo Jesús reprende a sus discípulos por comportarse de forma elitista:

"Juan le respondió diciendo: Maestro, hemos visto a uno que en tu nombre echaba fuera demonios, pero él no nos sigue; y se lo prohibimos, porque no nos seguía. Pero Jesús dijo: No se lo prohibáis; porque ninguno hay que haga milagro en mi nombre, que luego pueda decir mal de mí. Porque el que no es contra nosotros, por nosotros es" (Mr. 9:38-40).

Si eres un elitista, tendrás que aceptar el hecho de que cada cambio o favor que disfrutes es un don de Dios. El elitismo es una forma de orgullo. Humíllate y piensa que lo que Dios te ha dado o te ha permitido conseguir es para su gloria y no para tu exaltación personal. Incluso aunque creas que has conseguido las cosas sin ayuda de nadie, solo con tu voluntad y determinación, escucha las moderadas palabras del educado y ungido apóstol Pablo.

"Pero por la gracia de Dios soy lo que soy; y su gracia no ha sido en vano para conmigo, antes he trabajado más que todos ellos; pero no yo, sino la gracia de Dios conmigo" (1 Co. 15:10).

Aunque puede que no seas un elitista, debes tener

cuidado a la hora de etiquetar a otra persona o grupo como elitista, simplemente porque disfrutan de cierta ventaja que a ti te resulta intimidante o marginadora debido a tu inseguridad o a un intento de mejorar tu imagen ante los demás. Esta estratagema se suele utilizar en las campañas políticas. Un candidato acusa a otro de elitista simplemente porque procede de una familia acomodada, se ha graduado en una prestigiosa universidad o tiene amigos de alto nivel e influencia. El acusado de estos cargos intenta contrarrestarlos acercándose a los trabajadores para demostrar lo normal que es.

Al final, no es lo que haces, sino lo que crees lo que determina que tengas o no una actitud elitista. Conozco a una profesional de salud mental que tiene en muy poca consideración el consejo de los no profesionales. Ella cree que hay que ser una psicóloga licenciada para hacer aportaciones legítimas.

Puede que sea el momento de mirar dentro de nosotros. ¿Te sientes superior a los demás en algún aspecto de tu vida? Quizá creas que formar parte de una denominación religiosa específica te hace ser de una clase especial. Quizá tu cuerpo, en buena forma, hace que te sientas superior a personas con sobrepeso. ¿Y si eres conocido en tu comunidad? ¿Crees que deberían ponerte siempre en primera fila en los actos públicos? Si es así, ya es hora de que sometas tu actitud al Espíritu Santo.

Oración

Padre, perdóname por pecar de elitismo. Siento haber permitido que mi posición ventajosa me haya hecho

perder la perspectiva de tu propósito para mí al haber-
me concedido tal favor. Ayúdame de ahora en adelante
a utilizarlo para tu gloria. En el nombre de Jesús. Amén.

Día 9

Actitud de sentirse con derecho a algo

Creer que uno tiene derecho a ciertos beneficios o a ventajas frente a los demás

—¿Por qué no le devolvió a su madre el dinero del préstamo para el coche? —preguntó la jueza Judy, la popular jueza del programa de televisión *The People's Court* [Tribunal popular], a la joven acusada.

—Porque recibí una beca, y ella no tuvo que pagarme los estudios como estaba planeado, así que no tenía por qué devolverle el dinero del coche. Después de todo ella se iba a quedar sin el dinero si tenía que pagarme los estudios.

Como era de esperar, la jueza Judy le echó una buena reprimenda a la joven por su actitud de dar por sentado que tenía derecho a algo. Este tipo de pensamiento está muy extendido no solo entre la generación de jóvenes, sino también en muchas instituciones sociales: corporaciones, gobiernos, iglesias, escuelas, familias y amigos.

Algunos de mis conocidos más cercanos se sienten con derecho a disponer de mi tiempo y se molestan cuando

tengo que programar o restringir nuestras reuniones sociales. Los parientes se sienten con derecho a pedir préstamos
personales o a recibir regalos porque suponen que tengo
dinero. Cuando dirigía al personal de una gran empresa,
ellos creían tener derecho a regalos de Navidad simplemente porque yo era el jefe y había iniciado esa práctica
el primer año que empecé a trabajar allí. Un ministerio
financiero importante denomina a esto el pensamiento
"Me debes…" frente al "Te debo…".

La actitud común hoy día es la de que "alguien me
debe algo". Muchos estadounidenses creen que una vida
de trabajo con una buena paga y un plan de jubilación
garantizado a los sesenta y cinco años se consiguen solo
por nacer, los ascensos son cuestión de tiempo, cuaren-
ta horas a la semana es lo máximo que debe trabajar un
obrero, la última hora del día sirve para prepararse para
el regreso a casa, el descanso de diez minutos para tomar
el café debería durar al menos media hora, la media hora
de la comida debería ser hora y media, y los trabajadores deberían compartir en partes iguales las ganancias
de la empresa.[3]

Antes de empezar a juzgar a los que piensan de esta
manera, hice un inventario de las cosas a las que yo también me considero con derecho:

- Me considero con derecho a recibir una respuesta
  inmediata de mis seis hermanos a cualquier petición razonable que les haga porque yo siempre
  estoy ahí para ellos pase lo que pase. Además soy
  su única hermana.

- Me considero con derecho a recibir una postal, llamada telefónica o cualquier otra forma de reconocimiento por parte de mis amigos o familia el día de mi cumpleaños porque yo reconozco su derecho a lo mismo.

- Me considero con derecho a que la iglesia me mande flores cuando estoy en un hospital, por los sacrificios que he hecho a la hora de dar ofrendas y los servicios ofrecidos (claro que me doy cuenta de que las ofrendas eran para Dios y no para el hombre).

Confieso que en el pasado me he sentido desilusionada, frustrada o enojada por cosas como las dichas anteriormente. Cuando pensaba en ellas, me di cuenta de que había elevado mis *expectativas* al estatus de *derecho*. Pero ¿quién me da a mí —o a ti— ese derecho? Pensamos que las personas nos deben algo por el sitio que ocupamos en su vida: madre, hija, hermano, esposa, amigo, donante, pastor, empleado, jefe. Creemos que eso nos da derecho a cualquiera que sea el beneficio que esperamos obtener.

Algunas de esas actitudes de sentirse con derecho a algo proceden de la relación personal que tenemos con una persona, pero también pueden deberse al estatus que una persona cree tener dentro de una cultura (por ejemplo, una mujer cree que un hombre *debe* dejarle su sitio en un tren lleno de pasajeros) o debido a injusticias pasadas ("Tengo derecho a que el gobierno cuide de mí por la discriminación que he sufrido en el pasado"). Cuando las personas creen tener derecho a tales beneficios, a menudo suelen comportarse de forma desagradecida con sus benefactores, aunque estos hayan cumplido con sus expectativas. ¿Alguna vez has hecho un favor, y la persona a la que se lo has hecho ha actuado como si fuera tu obligación hacerlo?

Me encanta leer la parábola del hijo pródigo y comprobar cómo este hijo no muestra la actitud de sentirse con derecho a recibir algo de su padre. Se fue de casa y gastó toda su herencia —que había pedido insistentemente a su padre— en fiestas y juergas. El bache económico y el hambre que este trajo como consecuencia le hizo enfrentarse a la realidad; "…nadie le daba nada" (Lc. 15:16 LBLA). Regresó a casa y dijo a su padre: "Ya no soy digno de ser llamado tu hijo; hazme como a uno de tus jornaleros" (v. 19). Ya no se creía con derecho a volver a su anterior vida simplemente por ser "hijo". Su padre no le debía nada.

Si tienes la actitud de sentirte con derecho a algo, aquí hay algunas estrategias para ayudarte a corregir esta forma destructiva de pensar:

- Pon todas tus expectativas en perspectiva. Pregúntate: ¿Lo que espero es simplemente un *deseo* o un *derecho* constitucional, contractual o pactado? Sí, espero fidelidad de mi esposo como parte del pacto matrimonial que hicimos, pero aunque también espero que levante los objetos más pesados por mí, soy muy consciente de que eso es simplemente una demostración de su amor hacia mí y no algo a lo que tenga derecho por nuestro pacto matrimonial.

- Resístete al papel que juega el egoísmo en esta actitud y permite que tus expectativas respecto a los demás sean razonables. Recuerda que las expectativas son por ambas partes.

- No manipules a los demás para que cumplan con tus expectativas haciendo grandes sacrificios por ellos y esperando con eso que ellos estén a tu completa disposición.

- No asumas que porque una persona haya sido amable o benevolente contigo en el pasado vaya a ser así siempre. Tienes que comprender que es libre para dejar de serlo, o serlo cuando lo desee.

- Habitúate a expresar aprecio por cada acto amable que recibas. Esto servirá para recordarte que nadie te debe nada.

Oración

Padre, elimina mi ingratitud y mi egoísmo. Ayúdame a tener expectativas sanas y a dejar de pensar que tengo derecho a cosas que no son derechos constitucionales, contractuales o pactados. En el nombre de Jesús. Amén.

Día 10

Actitud fatalista

*Creer que las cosas y los sucesos son inevitables
y vienen determinados por el destino*

"Bueno, no tiene sentido hacer todos esos tratamientos especiales. Si voy a morirme de esta enfermedad, lo haré de todos modos. Qué será, será… el tiempo te lo dirá".

Tal vez hayas escuchado a alguien expresar esta actitud cuando se ha tenido que enfrentar a una decisión difícil. Creer que los eventos de nuestra vida están predeterminados, escritos en piedra y fuera de nuestro control se llama fatalismo; y no es algo bíblico aunque en algunas partes de las Escrituras parezca haber un apoyo implícito a este concepto. Por ejemplo, el Salmo 139:16 (LBLA) declara:

"Tus ojos vieron mi embrión, y en tu libro se escribieron todos los días que me fueron dados, cuando no existía ni uno solo de ellos".

¿Crees que estas palabras te dan licencia para vivir la vida sin responsabilidad personal alguna sobre lo que va a suceder? ¡Desde luego que no! Dios nos ha hecho administradores no solo de su dinero, sino de todos los aspectos de nuestra vida. ¿De verdad crees que porque Él ha determinado el número de días que te fueron dados no tienes obligación alguna de asegurarte de que esos días sean de *calidad*, cuidando de tu cuerpo o manteniendo relaciones sanas con los demás?

Una actitud fatalista puede conducirte a tener un sentimiento de resignación ante la vida y a robarte la ambición sana y el entusiasmo por el futuro. "Si no podemos cambiar el destino, ¿para qué molestarse en intentarlo?" Aunque Dios en su presciencia conoce cada decisión que vamos a tomar desde la cuna hasta la tumba, no las ha predeterminado. Nos ha dado a todos el libre albedrío. Incluso el lugar donde pasaremos la eternidad vendrá determinado por las elecciones que tomemos. Estas elecciones incluyen no solo hacer a Jesús el Señor de nuestras vidas, sino también la decisión de adoptar la Palabra de Dios como fundamento y punto de referencia de cada aspecto de nuestra existencia.

Al describir el gran trono blanco del juicio al que todos tendremos que enfrentarnos, Juan dijo: "Y vi a los muertos, grandes y pequeños, de pie ante Dios; y los libros fueron abiertos, y otro libro fue abierto, el cual es el libro de la vida; y fueron juzgados los muertos por las cosas que estaban escritas en los libros, *según sus obras*" (Ap. 20:12, cursivas añadidas).

Sí, Dios es soberano y gobierna en los asuntos de los hombres. Creo que ha diseñado un maravilloso plan para mi vida y para la tuya. Si lo reconocemos y nos sometemos a su dirección y guía, completaremos nuestro destino divino. Sin embargo, como somos humanos, estamos sujetos a hacer las cosas según nuestro entendimiento y desviarnos del camino ordenado por Él.

En estos tiempos que vivimos, Dios, por su amor y misericordia, responde de forma similar al GPS (por sus siglas en inglés, Sistema de Posición Global) que llevan los automóviles. En un reciente viaje, programé el destino en mi GPS. Sin embargo, por el camino, tuve la brillante idea de hacer un pequeño desvío para comprar algunas cosas e hice un giro no programado. La voz del GPS dijo inmediatamente: "Calculando de nuevo…" y procedió a decirme cómo volver al camino que me llevaría al destino original. No, los frenos del coche no se bloquearon, ni sonó la alarma. Simplemente tuve que elegir entre ignorar las nuevas instrucciones o cumplirlas.

¿Hay alguna circunstancia de tu vida que hayas dejado en manos del destino? Quizá te hayas dicho: "Estoy destinado a ser gordo; está en mis genes". "No estoy destinado a ser rico". "Soy tímido; así me hizo Dios". No dejes que tu actitud fatalista te condene a una vida de excusas, frustración y mediocridad.

Sí, Dios ha puesto marco a tu vida, pero te ha dado una gran libertad dentro de este marco. Como un GPS, Dios sabe exactamente dónde estás y lo que necesitas hacer para cumplir con tu destino divino. ¿Por qué no te detienes ahora mismo y reconoces un área de tu vida donde el fatalismo esté reinando y le pides a Dios que te dé una estrategia específica para superar esta manera de pensar?

Oración

Señor, reconozco que tú eres el dirigente soberano de mi vida. Ayúdame a escuchar tu voz. Dame el valor para obedecer tus instrucciones y vencer mi actitud fatalista. En el nombre de Jesús. Amén.

Día 11

Actitud gruñona

Irritable, pensativo, triste

Ding-dong… Ding-dong… Ding-dong.
"¿Quién puede ser?" —murmuré.

Mire el reloj y vi que eran las siete de la mañana. Me había ido a dormir a las tres y pensaba quedarme en cama por lo menos siete horas. Eché un vistazo por la ventana y vi al jardinero de pie delante de la puerta con cara de avergonzado. Se había olvidado las llaves de la puerta de seguridad del patio… otra vez. Bajé corriendo las escaleras, tomé mis llaves de repuesto y se las lancé por la ventana sin decir una sola palabra. Seguro que pensó: ¡Qué gruñona! Yo justifiqué mi forma de actuar diciendo que por lo general no soy una gruñona.

¿Normalmente estás de buen humor y respondes con amabilidad a los demás? No es lo mismo tener un incidente ocasional como el anterior que te cause irritación, que ser habitualmente una persona irritable, gruñona, malhumorada, lo cual es señal de que tu vida está desequilibrada. Además, a los que pertenecen a tu círculo les resultará difícil relacionarse contigo; sería como abrazar a un puercoespín.

Como con cualquier comportamiento negativo, el primer paso para superar esto es reconocer el problema. No estoy diciendo que haya que justificarlo. Simplemente hay que ser sincero con uno mismo a la hora de repasar los últimos encuentros con los demás. ¿Necesitas corregir esta manera de comportarte? Aquí hay algunas estrategias que pueden conducirte hacia el campo de la amabilidad.

- *Ora inmediatamente al levantarte.* No esperes hasta que las cosas estresantes del día empiecen a bombardearte; dirígete a Dios primero. Pídele que te infunda su paz y gozo y que te fortalezca para responder como Él lo haría durante el día. Recuerda: "...el gozo de Jehová es vuestra fuerza" (Neh. 8:10).

- *Duerme adecuadamente.* En mi libro *Controla tu estrés en 30 días*, explico: "La mayoría de nosotros pensamos que dormir es un proceso pasivo en el cual nos sumergimos en el olvido y nos despertamos horas más tarde sintiéndonos más descansados. La verdad es que dormir es un estado muy activo. Muchos procesos metabólicos y de restauración se producen durante las diferentes etapas del sueño. Si no dormimos el tiempo suficiente para que nuestro sistema se renueve, es muy probable que nos irritemos con pequeñas cosas".[4]

- *Hazte revisiones médicas.* Puede que seas una persona un tanto irritable porque tienes dolor de espalda o cualquier otro tipo de dolor. Mi esposo, que normalmente es una persona divertida y afable, se convertía en un gruñón cuando tenía que batallar con una de sus jaquecas llamadas "cefaleas de racimo". Con una medicación adecuada, esos ataques remitían, y él volvía a ser una persona divertida.

- *Ejercicio.* Incluso un corto periodo de estiramientos, de caminar u otras formas de ejercicio pueden afectar tu humor porque elevan el número de endorfinas (las hormonas de la "felicidad") en tu cerebro. Sal fuera y respira aire fresco siempre que sea posible. Prueba con una clase de ejercicio en grupo para conseguir más beneficios.

- *Vigila tu dieta.* Demasiada cafeína, azúcar o alimentos refinados afectan negativamente a tu humor. Si quieres darte un capricho, asegúrate de combinar un tentempié "malo" con algo de proteína sana (queso, pavo, frutos secos) para reducir la velocidad de absorción de azúcar en la sangre y evitar los picos de insulina.

- *Di sí a los favores que te piden solo cuando quieras hacerlos.* Evita sobrecargarte de trabajo y de resentimiento por culpa del trabajo que otros echan sobre ti.

- *Planifica una actividad social con amigos positivos.* Aléjate de la negatividad. "No erréis; las malas conversaciones corrompen las buenas costumbres" (1 Co. 15:33).

- *Céntrate en las necesidades de los demás.* No hay nada como aportar luz y esperanza a los menos afortunados para que le cambie a uno la actitud gruñona. Cuando doy clases de autodesarrollo en el refugio para mujeres sin hogar de mi zona, consigo enormes beneficios emocionales. Siento que eso es lo que hay que hacer.

- *Ahondar.* Si ninguna de las estrategias anteriores te ayuda a dejar de ser gruñón, mira dentro de tu alma y sé honesto contigo mismo sobre lo que realmente te irrita. ¿Necesitas enfrentarte a una injusticia? ¿Te sientes frustrado con tu falta de dirección? ¿Qué te pasa realmente? Si es necesario, habla con un consejero o con alguien que te conozca bien.

Oración

Padre, realmente deseo representarte siguiendo tu modelo de amor y cordialidad en el mundo. Libérame de esta actitud gruñona. Revélame la causa de ella y dame el valor para hacer lo necesario para alejarla de mi vida. En el nombre de Jesús. Amén.

Día 12

Actitud crítica

*Tendencia a juzgar o criticar la conducta,
el carácter o las decisiones de los demás*

Cuando Daniela entró en la iglesia, el ujier le entregó un folleto en forma de tríptico con las oraciones y afirmaciones que había preparado el pastor José. Era un gran maestro, y la información seguramente resultaría útil en las semanas siguientes. Sin embargo, la única cosa en la que Daniela se podía centrar era en que el folleto se abría hacia dentro en lugar de hacia afuera.

¿Qué incompetente hizo esto? —pensaba ella mientras el ujier la conducía hacia su asiento. Cuando se sentó, procedió a doblar el folleto correctamente; de la forma en la que se "supone" que deben doblarse los folletos. Por supuesto, eso estropeó la secuencia de páginas. Ella sacó un bolígrafo y las numeró de nuevo. Anotó mentalmente que debía comentarle esto al personal de la iglesia para que no volviese a suceder.

El grupo de alabanza ya había empezado a cantar el himno de la mañana. Daniela inmediatamente notó que la ropa de algunas de las mujeres del equipo de alabanza no era muy favorecedora y que el largo de sus faldas era inadecuado. *Tendrían que llevar uniformes* —pensó—. *Su aspecto distrae mucho.*

Tras lo que para Daniela fueron unos anuncios innecesarios y una pérdida de tiempo, el pastor José finalmente se acercó al púlpito y comenzó su mensaje. En unos minutos, el micrófono empezó a chirriar y al final se quedó mudo. Esto ocurría con demasiada frecuencia los domingos por la mañana. *Señor* —pensó Daniela—, *¿cuándo van a arreglar ese sistema de sonido?*

El culto terminó, y Daniela se fue pensando que todo había sido una pérdida de tiempo. A pesar de los importantes principios que había enseñado el pastor José, ella no había conseguido conectarse con Dios aquel día. Aunque no verbalizó sus observaciones, la actitud de Daniela de criticarlo todo había saboteado su experiencia.

Me puedo identificar con Daniela porque a veces tiendo a juzgar las malas decisiones de los demás o sus defectos o ineficacia. Parece difícil pasar por alto un comportamiento que no se ajuste a lo que yo creo que debe hacerse para reflejar la excelencia. Estoy intentando eliminar esta actitud de mi vida.

Una actitud crítica tiene al menos tres consecuencias negativas.

En primer lugar, es un pecado. Cuando Aarón y María, los hermanos de Moisés, lo criticaron por casarse con una mujer etíope, Dios los juzgó haciendo que María contrajera lepra, la enfermedad más temida de aquellos días, que la convirtió de inmediato en una paria social. Aarón se arrepintió rápidamente. "Y dijo Aarón a Moisés: ¡Ah! señor mío, no pongas ahora sobre nosotros este pecado; porque locamente hemos actuado, y hemos pecado" (Nm. 12:11). Moisés oró para que Dios curara a María, y Dios respondió rápidamente a sus oraciones. Pero tuvo que enfrentarse a las consecuencias expuestas más abajo.

En segundo lugar, nuestro pecado de tener una actitud crítica puede aislarnos de nuestras relaciones más queridas. "Respondió Jehová a Moisés: Pues si su padre hubiera escupido en su rostro, ¿no se avergonzaría por siete días? Sea echada fuera del campamento por siete días, y después volverá a la congregación" (v. 14). Las leyes respecto a los leprosos exigían esta separación. Un espíritu crítico es una lepra relacional, y puede que los demás nos traten de acuerdo con ella.

Cuando mi sobrina de 11 años me envió un correo electrónico, yo estaba encantada; sin embargo, contenía varios errores gramaticales y ortográficos. Me tomé la libertad de corregirlos y enviarle las correcciones. Le dije que quería que nuestros correos electrónicos se convirtieran en una experiencia educativa para ella. No he vuelto a recibir uno desde entonces. No soy tan inocente como para no darme cuenta del porqué. Las personas aceptan a aquellos que las aceptan como son; nadie disfruta estando constantemente bajo el ojo crítico de otra persona. Esto no significa que no debamos hacer aportaciones constructivas. Sin embargo, tenemos que aprender más sobre reafirmación y ánimo, y tratar solo aquellos asuntos que son realmente importantes.

En tercer lugar, una actitud crítica retrasa nuestro progreso y el de aquellos que pertenecen a nuestro círculo de interacción. La insolencia de María solo logró que todo el pueblo detuviera su marcha hacia la tierra prometida. "Así María fue echada del campamento siete días; y el pueblo no pasó delante hasta que se reunió María con ellos" (v. 15).

¿Has formado parte alguna vez de una organización en la que una persona que siempre está buscando los fallos haya acabado por destruir la eficacia y el progreso de todo el grupo? ¿Y qué pasa con esos padres o esos cónyuges que son tan críticos con el hijo o con su pareja que estos son incapaces de desarrollar las habilidades necesarias para enfrentarse a la vida?

Si eres tú la persona crítica, trata de identificar la raíz del problema que causa tu comportamiento e intenta eliminarlo de tu vida. ¿Qué nos hace ser críticos? El espíritu crítico se aprende mediante el comportamiento. Algunos ejemplos podrían ser:

- Muchas personas críticas fueron educadas por padres u otras personas que no sabían cómo reafirmar a los demás, así que nunca tuvieron un modelo positivo. Algunos padres erróneamente creen que ser críticos hace que los hijos tengan más éxito en la vida.

- A veces, debido a los dones únicos que poseemos o a la experiencia, no nos detenemos a pensar que estos son únicos para nosotros, y nos han sido concedidos por la gracia de Dios. Por lo tanto, esperamos erróneamente que todo el mundo llegue a nuestro nivel.

- El orgullo y la arrogancia por los éxitos conseguidos pueden también llevarnos a creer que sabemos lo que es mejor para cada ocasión; abajo con los "idiotas" que no hacen las cosas a "nuestra" manera.

- Nuestra ira no resuelta y nuestro dolor por incidentes pasados (o la envidia sin más) pueden hacer que guardemos resentimiento hacia alguien y que aprovechemos cualquier oportunidad para desacreditar su imagen a los ojos de los demás.

- Por último, un espíritu crítico es a menudo un intento inconsciente de ocultar nuestros fallos y defectos echando una luz negativa sobre los demás. Te reto a que te detengas ahora mismo y pienses en la persona, el grupo o la organización con la que eres más crítica y ante quién los criticas. ¿Estás intentando crecer ante sus ojos?

La solución

- Aprende lo que la Palabra de Dios dice sobre el espíritu crítico: "No juzguéis, para que no seáis juzgados. Porque con el juicio con que juzgáis, seréis juzgados, y con la medida con que medís, os será medido" (Mt. 7:1-2). ¿Realmente quieres cosechar las consecuencias de plantar tal semilla de negatividad?

- Reconoce y arrepiéntete del pecado de juzgar o encontrar fallos en los demás. Si este es un hábito dentro de tu familia, toma la determinación de que, con el poder del Espíritu Santo, esta tendencia acabe en ti.

- Busca cualidades admirables en aquellos a los que criticas, especialmente cualidades que puede que tú no poseas. Una vez tuve un cliente cuya forma de actuar yo siempre había criticado. Cuando empecé a buscar sus buenas cualidades, me di cuenta de que tenía un espíritu abierto a aprender y que reconocía rápidamente sus errores; muy distinto a mi tendencia a racionalizar mis errores y a echar la culpa a los demás. También reflexioné si en realidad no estaría intentando inconscientemente potenciar mi imagen de "Supermujer" a los ojos de mis clientes.

- Comprométete a ofrecer a otros la gracia y la misericordia que Dios te ofrece diariamente. "Bienaventurados los misericordiosos, porque ellos alcanzarán misericordia" (Mt. 5:7).

Oración

Señor, ayúdame a apreciar y reconocer lo bueno que hay en cada persona. Deja que tu amor fluya a través de mí y me deje pasar por alto los múltiples fallos. En el nombre de Jesús. Amén.

Día 13

Actitud impaciente

Irritación con cualquier cosa
que provoque retraso

Entonces, ¿qué pasó al final? —quería gritarle Jimena a la mujer que estaba dando la versión extendida de su dilema actual al grupo de apoyo. Se estaba haciendo tarde, y todavía quedaban cinco personas que esperaban su turno para hablar de los temas que les habían preocupado durante la semana.

Como consejera experimentada, Jimena sabía que tenía que aguantarse el impulso de mostrar su impaciencia. En general era una persona nerviosa y muy impaciente, pero hacía poco tiempo había tenido uno de esos momentos de iluminación durante un estudio bíblico. Finalmente había entendido el significado de la frase: la paciencia es un *fruto* del Espíritu. No era algo que se pudiera conseguir como parte de un proyecto para el nuevo año o contando hasta diez; solo podía *producirse* en ella mediante el Espíritu de Dios y su propia cooperación.

Quizá tú, al igual que yo, compartas el reto de Jimena en este asunto. En mi lucha por intentar entender la raíz de mi tendencia a ser impaciente con los demás, me tuve que recordar a mí misma que todos somos producto de la sociedad de la rapidez, de la gratificación inmediata, y nos hemos acostumbrado a la comunicación instantánea (teléfono, correos electrónicos, mensajería instantánea), comida rápida, crédito al instante, noticias de última hora, Internet de alta velocidad y muchas otras cosas que hacen que nos contraríe tener que esperar por *cualquier cosa*. Nuestra impaciencia tiene consecuencias a largo plazo, ya que nos afecta en lo físico, en lo emocional y en nuestras relaciones. Tenemos que cambiar nuestras expectativas sobre lo rápido que deberíamos movernos nosotros o la velocidad a la que esperamos que se muevan los demás.

Para empezar, he decidido controlar el impacto físico de la impaciencia. En el momento mismo que noto la ansiedad y su correspondiente descarga de adrenalina (muy dañina), reconozco al insidioso enemigo y acepto la plena responsabilidad por su causa y mi respuesta.

Por ejemplo, a veces siento que la impaciencia asoma su fea cabeza cuando estoy ayudando a mamá y a sus ancianas amigas a entrar en el auto. A menudo mi mente está centrada en el resto de tareas que tengo que hacer ese día y el poco tiempo que tengo para realizarlas. Cuando esas mujeres se mueven a paso de tortuga, he aprendido a pedir ayuda a Dios, a respirar hondo, disminuir mis expectativas y anotar mentalmente que debo priorizar las cosas de distinta forma la próxima vez. También le doy gracias a Dios de que ellas sigan vivas y yo tenga ocasión de servirlas. Reconozco también que mi planificación del tiempo no ha sido correcta y resulta bastante ineficaz.

Intento utilizar una estrategia similar en cada situación de "espera" que me toca vivir. ¿Por qué debería sentirme molesta con el vendedor de la tienda de comestibles, el empleado del banco o el conductor lento que no va a la misma velocidad que yo? ¿Por qué no preparse para la espera teniendo un buen libro o revista (o un CD si vamos en auto) a mano? Además, también creo que los retrasos a menudo forman parte de la divina protección. He escuchado historias de personas que se libraron de la destrucción del ataque terrorista del 11 de septiembre en el World Trade Center simplemente porque sufrieron retrasos por diferentes motivos y no llegaron a tiempo al trabajo. Estoy segura de que la mayoría, en aquel momento, estarían enojados por el retraso.

La impaciencia nos afecta emocionalmente, ya que nos enojamos y nos exasperamos cuando las cosas no van como pensamos que deberían ir. Nuestra habilidad para soportar los retrasos sin interferencia emocional mantendrá nuestro gozo y hará que nos sintamos en paz.

La impaciencia daña nuestras relaciones porque hace que nos relacionemos con los demás de manera no beneficiosa o compasiva. Piensa en cómo te sientes cuando un extraño se muestra irritado contigo. Dependiendo de tu madurez espiritual, puede que sientas ganas de tomar represalias o de alejarte. Si esa persona es importante para ti y valoras la percepción que tiene de ti, su impaciencia puede robarte tu confianza y sentirte infravalorado. Recuerda esto cuando intentes expresar tu impaciencia incluso en forma de un profundo suspiro.

Una vez, cuando estaba tratando con un miembro muy incompetente de mi equipo, en quien yo había invertido muchas horas de entrenamiento y desarrollo, me di cuenta de que estaba suspirando en su presencia para expresar mi decepción por su forma de actuar. Lo que no entendí en ese momento es que, en lugar de motivarlo, mi respuesta estaba disminuyendo su eficacia todavía más. Su ansiedad aumentó haciendo que sus emociones sabotearan su habilidad para pensar con claridad.

La superación de la impaciencia empieza cuando nos damos cuenta de su presencia, nos comprometemos a permitir que el Espíritu Santo produzca paciencia en nosotros y tomamos la decisión de quedarnos en el momento presente, en lugar de obsesionarnos con lo que podría pasar después o más tarde.

Oración

Padre, agradezco la paciencia que muestras conmigo cada día. Pido que me ayudes a ofrecérsela a otros para que ellos vean tu amor en mí y te glorifiquen. En el nombre de Jesús. Amén.

Día 14

Actitud envidiosa

*Tendencia a minimizar el éxito,
la buena fortuna, las cualidades
o las posesiones de los demás*

¿Puedes manejar el éxito? No, no el tuyo, el de los demás. Quizá todos en un momento dado hemos observado la buena fortuna de una persona y sentido descontento o incluso resentimiento. Sé que yo sí.

Hace unas semanas, puse la tele para ver un popular programa diurno y vi a la señorita X soltar toda su sabiduría financiera. Tuve que admitir que dio buenos consejos, pero cuando surgió su nombre en nuestro grupo de estudio bíblico aquella noche, confieso que sentí cierto deleite al decir: "A mí también me gustan sus consejos. Lástima que sea lesbiana".

Algunos se sorprendieron al escuchar esto; otros ya lo sabían. Lo que me molestaba después al pensarlo era por qué había considerado tan importante dar aquella información. Quizá fue porque uno de los miembros del grupo estaba comentando una y otra vez lo asombrosa que era la señorita X y lo mucho que la admiraba.

Sí, yo también la admiro; sin embargo, lo que pensaba era: *No es justo que ella tenga tanta fama y fortuna. Yo me merezco ese reconocimiento. Soy una cristiana heterosexual y espiritual, una esposa sumisa, y soy fiel dando el diezmo. Sí, he alcanzado cierto nivel de éxito, pero nada comparado con el de la señorita X. Ella es famosa en los medios de comunicación*. Al reflexionar sobre ello más tarde, sentí vergüenza de mi pensamiento carnal.

Cuando eres honesto contigo mismo, el mejor lugar al que acudir corriendo para conseguir más revelación y purificación son las Escrituras. Eso es exactamente lo que hice. La luz de la Palabra de Dios iluminó un área que la mayoría de nosotros nos negamos a admitir. La envidia había asomado la cabeza. Creí que había acabado con ella hacía siglos.

¿Qué ocasiona una actitud envidiosa? ¿Por qué a menudo criticamos a alguien que tiene lo que nosotros deseamos? ¿Y por qué intentamos atar las manos a Dios para que no bendiga a quienes nosotros creemos que no se lo merecen? ¿Qué dice la Biblia sobre la envidia? ¿Realmente es un pecado o es solo un rasgo poco productivo de nuestro carácter?

Lucifer, a quien Dios le había encomendado liderar la hueste celestial de ángeles, tuvo envidia de su Creador y quiso recibir la alabanza y la adoración que Él recibía.

"¡Cómo caíste del cielo, oh Lucero, hijo de la mañana! Cortado fuiste por tierra, tú que debilitabas a las naciones. Tú que decías en tu corazón: Subiré al cielo; en lo alto, junto a las estrellas de Dios, levantaré mi trono, y en el monte del testimonio me sentaré, a los

lados del norte; sobre las alturas de las nubes subiré,
y seré semejante al Altísimo" (Is. 14:12-14).

Esta es nuestra actitud cuando envidiamos a otros. Queremos la admiración y la alabanza que ellos reciben por las cosas que poseen. Creemos que solo podemos ser estimados si tenemos lo que ellos tienen.

El último de los Diez Mandamientos —"No codiciarás…" (Éx. 20:17)— nos advierte que no debemos desear nada que pertenezca a otra persona. Tal actitud en esencia acusa a Dios de ser injusto, de hacer acepción de personas y de no ser consciente de lo que es mejor para nuestras vidas. Por lo tanto, deberíamos montar toda una campaña contra la envidia cuando esta aparece en nuestra vida. Maneras de hacerlo:

- Confiesa tu envidia y arrepiéntete de tus motivos impuros por desear algo que no sea para la gloria de Dios. "Pero si ustedes tienen envidias amargas y rivalidades en el corazón, dejen de presumir y de faltar a la verdad" (Stg. 3:14, nvi).

- Cuenta tus bendiciones. La envidia es la raíz del descontento, y a menudo nos apena tanto la buena fortuna de los demás que estamos ciegos a nuestras propias ventajas. Alguien dijo una vez: "La envidia es el hábito de contar las bendiciones de los demás en lugar de las nuestras".

- Comprende lo que la envidia te está diciendo sobre las decisiones, el entrenamiento y otras acciones que necesitas poner en marcha para cumplir tu

destino. Acepta que la belleza o la herencia familiar están más allá de tu control. Pídele a Dios
claridad respecto a su voluntad para ti.

- Pasa tiempo, si es posible, con la persona que
  envidias para averiguar más sobre ella y sobre los
  secretos de su éxito. Puede que te des cuenta de
  que esa persona tiene un montón de problemas
  que refrenarían tu envidia. Una colega a la que yo
  envidiaba hace muchos años por su extraordina-
  ria belleza me contó su penosa infancia de niña
  abandonada y su batalla contra la inseguridad.
  Confesó que ella me envidiaba por mi valor para
  enfrentarme a los temas espinosos con personas
  intimidantes. Yo me quedé sorprendida.

- En lugar de hacer comentarios negativos, habla
  con admiración cuando una persona elogie a
  alguien a quien tú te sientes tentado a envidiar.

- Niégate a ver el éxito de otro como síntoma de
  tu fracaso.

Oración

Señor, ayúdame a confiar en ti lo suficiente como
para creer que me das lo que necesito en cada etapa de
mi vida y que mi destino está en tus manos. Ayúdame a
abandonar ambiciones vanas y a sentirme genuinamente
feliz por la buena fortuna de otro, porque tú no haces
acepción de personas. En el nombre de Jesús. Amén.

Día 15

Actitud arrogante

Tener una opinión exagerada de nuestra propia valía y de nuestras habilidades

Cuando me dirigía hacia el estacionamiento, murmuré: "Hoy finalmente tendré mi oportunidad de brillar". Tras años de hacer análisis detallados, planificar presupuestos y otros trabajos poco gratificantes con poco o ningún reconocimiento, por fin fui invitada por el consejo de administración a una reunión financiera con nuestros socios inversores. El contrato era complicado, y sabía que yo lo entendía mejor que mis colegas varones, razón por la cual seguramente había sido invitada.

Hice copias de la presentación personalmente para evitar cualquier posible error de mi ayudante y las coloqué con cuidado en el maletín de mi computadora portátil. Comprobé mi apariencia en el espejo de la oficina. Llevaba un traje de seda color crema muy profesional que había podido abotonar sin problemas y me sentía muy orgullosa gracias a mi última dieta con la que había perdido ¡siete kilos!

Ahora, nuestros socios inversores sabrán quién es realmente la cabeza pensante que hay detrás de estos asuntos —pensé. Me invadía el entusiasmo… y el orgullo.

Cuando daba marcha atrás en el estacionamiento, sentí que las ruedas pasaban por encima de algo. Cuando paré para comprobar qué había sucedido, con gran desaliento descubrí que había dejado mi maletín con la computadora portátil detrás del auto y le había pasado las ruedas por encima. El maletín estaba casi completamente plano. Aunque la computadora por milagro había quedado intacta, los papeles estaban totalmente arrugadas. Al intentar agarrar el contenido del maletín, me manché todo el traje con la suciedad de los neumáticos. No había tiempo para nada excepto para llegar a la reunión. Cuando llegué me sentía tan humillada que elegí una silla en una esquina de la sala y apenas dije nada en toda la reunión. Había pasado de la arrogancia a la humildad en tres minutos.

Este incidente ocurrió hace más de veinte años, y nunca olvidaré la lección que aprendí:

> *"Al orgullo le sigue la destrucción; a la altanería, el fracaso"* (Pr. 16:18, NVI).

Desde entonces, he grabado Juan 15:5 en mi memoria y en mi espíritu: "Yo soy la vid, vosotros los pámpanos; el que permanece en mí, y yo en él, éste lleva mucho fruto; *porque separados de mí nada podéis hacer"* (cursivas añadidas). Me recuerdo esto todos los días cuando emprendo mi tarea. Creo en ello de todo corazón. Me mantiene emocionalmente con los pies en tierra y espiritualmente equilibrada. No tengo razón para sentirme inadecuada ni me siento tentada a ponerme bella por exceso de confianza en mí misma.

De todas las actitudes destructivas de las que he hablado en este libro, la altanería es una de las peores. ¿Por qué? Porque Dios la odia (Pr. 6:16-17). Le robamos su gloria cuando intentamos atribuirnos los méritos de cosas que no habríamos podido lograr sin Él, porque sin Él no podemos conseguir nada.

¿Cuál es el objeto de tu orgullo? ¿Tus posesiones? ¿Tu posición social? ¿Tu puesto de trabajo? ¿Los beneficios conseguidos con tu profesión? ¿De verdad crees que has conseguido todo eso por ti mismo? "Porque ¿quién te distingue? ¿O qué tienes que no hayas recibido? Y si lo recibiste, ¿por qué te glorías como si no lo hubieras recibido?" (1 Co. 4:7).

Una vez que te comprometas a eliminar la altanería de tu vida, utiliza las siguientes estrategias para acelerar tus esfuerzos:

- Pídele al Espíritu Santo que cambie tus creencias fundamentales sobre quién eres y lo que puedes hacer. Medita en los pasajes de las Escrituras mencionados antes y permite que formen parte de tu fibra espiritual.

- En las conversaciones, centra tu atención en los intereses de los demás y habla menos de ti mismo.

- Respeta el valor inherente de cada ser humano sin tener en cuenta su posición social, raza, sexo u otros factores distintivos. Cuando conocí al pastor

Rick Warren (autor de *Una vida con propósito*) hace varios años, quedé inmediatamente impresionada por su humildad. A pesar de la hilera de personas que estaban esperando para hablar con él, me dio un fuerte abrazo, se sacó una foto conmigo de buen grado y, ante mi petición, oró brevemente por mi libro *Controla tu lengua en 30 días.*

¿Y qué puedes conseguir una vez que inicias este viaje hacia la humildad?

- *Amor y admiración.* La arrogancia y el orgullo repelen, pero las personas aman y admiran a los que demuestran humildad. Es el rasgo de carácter más admirado en el mundo.

- *Paz personal.* Los que se humillan y se someten al destino que Dios ha dispuesto para ellos no tienen nada que demostrar; no existe la ansiedad que produce la protección de su ego o imagen.

- *Confianza y respeto.* Como los humildes se preocupan por el bien de los demás, las personas respetan sus aportaciones y decisiones, y nunca están bajo sopecha de tener una motivación egoísta.

Oración

Padre, siento haber intentado robarte tu gloria. Enséñame a caminar con humildad y a inspirar a otros para que sigan mi ejemplo. En el nombre de Jesús. Amén.

Día 16

Actitud intolerante

*Negarse a aceptar a las personas que
tienen puntos de vista, creencias
y estilos de vida diferentes*

Todos tenemos una o dos cosas que no toleramos. Yo no puedo soportar a las personas que mastican haciendo ruido. Tiendo a evitar a los malos comunicadores que se molestan o se ponen demasiado emotivos cuando alguien no comparte su opinión. Me fastidia que las mujeres no vayan vestidas adecuadamente a la iglesia. Me irrita que los predicadores o los conferencistas pronuncien mal ciertas palabras o cometan errores gramaticales a menudo.

Sí, admito que mi lista puede resultar bastante larga. Este tipo de intolerancias son muy comunes y, la mayor parte de las veces, inofensivas para los demás. En mi caso, son un reflejo de mi poca disposición a extender hacia otros la gloria que Dios me da. He hecho un gran progreso en ello, pero esta área sigue siendo uno de los objetivos hacia los que dirijo mis oraciones con regularidad.

La intolerancia de la que hablamos en este capítulo es algo más problemático para nuestra sociedad y para nuestras almas. Es ese rechazo mezquino y odioso a personas creadas a imagen de Dios simplemente porque han elegido un estilo de vida, una afiliación política en particular, una creencia religiosa y puntos de vista con los que nosotros estamos totalmente en contra. Y sí, el racismo es otra forma de intolerancia. Debido al impacto significativo que tiene en la sociedad estadounidense, lo trataré de forma independiente en el siguiente capítulo.

De entrada, clarifiquemos lo que es y lo que no es intolerancia. La tolerancia no es *estar de acuerdo en asumir las diferencias*. Es *aceptar el derecho* que Dios les ha dado a todas las personas, como agentes morales libres, de creer lo que deseen y comportarse de acuerdo con sus creencias, mientras que estas acciones no infrinjan los derechos de los demás o violen las leyes establecidas.

Elegir o no amar y orar por aquellos cuyas creencias y cuyo comportamiento consideramos intolerables es una prueba de nuestra madurez emocional y espiritual. Cuando tales creencias violan los mandamientos o principios bíblicos, nuestra respuesta como hijos de Dios debería ser igual que cuando vemos a un ciego que camina hacia un precipicio. Desdichadamente, hoy día la reacción típica es condenarlo por ir en la dirección equivocada en lugar de compadecerse de él y mostrarle el camino correcto.

De ninguna manera deberíamos ver la compasión como transigencia ni deberíamos acusar a Dios, que ama a los pecadores y odia el pecado, de ser transigente. ¿Por qué no nos limitamos simplemente a emular a nuestro Padre celestial? Esto no impide que protestemos y nos esforcemos para que no se legalicen creencias y estilos de vida que van en contra de las Escrituras o en detrimento de la sociedad. Sin embargo, debemos tener cuidado en no tratar estos temas con actitud intolerante.

Intentaré ser más específica. Se puede ser tolerante con el estilista homosexual de tu centro de belleza sin comprometer tu creencia bíblica de que la homosexualidad es un pecado. Se puede colaborar con los compañeros de trabajo, aunque sean personas que estén a favor del aborto, sin dejar por ello de estar totalmente en desacuerdo con el aborto. Se puede respetar al vecino demócrata sin condenarlo al ostracismo por ser un "liberal a ultranza", aunque uno sea un republicano conservador. Se pueden honrar las manifestaciones emotivas de los cultos de ciertas iglesias carismáticas sin juzgarlos de insustanciales, simplemente porque preferimos un tipo de culto más sutil.

La intolerancia no es buena para la sociedad, como queda patente con los delitos, los disturbios, las guerras y los actos terroristas, y no es buena para nosotros como individuos. Un cierto nivel de agitación y ser algo quisquilloso van unidos a la actitud intolerante. Nos roban nuestro gozo y restan luz a nuestro mundo. Sería bueno que todos prestáramos atención a las palabras de Edwin Cole quien dijo: "En materia de gustos, mécete con el viento. En materia de principios, sé firme como una roca".

Puedes decidirte a tratar tu actitud intolerante desde este mismo momento. Entiende que las intolerancias aparentemente inofensivas, como las comentadas al principio de este capítulo, pueden crear una barrera entre tú y aquellos a los que Dios desea alcanzar. Pídele al Señor que te muestre cuándo estás intentando forzar a otros a pensar, actuar o creer como tú. Piensa que tu propia forma de pensar puede tener fallos en algunas ocasiones.

Además, cuando te enfrentes a uno de los objetivos de tu intolerancia, sé consciente de tus sentimientos negativos y resístete a ellos de forma consciente. Pídele a Dios que los remplace con cuidado. En el tema de las preferencias (frente a los principios morales), puede que sea necesario que cambies lo que crees.

Así le ocurrió a Pedro. Cuando Cornelio, el gentil, lo invitó a su casa, Pedro estaba muy reacio a ir. Explicó: "...Vosotros sabéis cuán abominable es para un varón judío juntarse o acercarse a un extranjero; pero a mí me ha mostrado Dios que a ningún hombre llame común o inmundo" (Hch. 10:28). Dios estaba eliminando tradiciones arraigadas y abriendo nuevas oportunidades para el evangelio. Pedro continuó: "...En verdad comprendo que Dios no hace acepción de personas, sino que en toda nación se agrada del que le teme y hace justicia" (vv. 34-35). ¿Podría ser que Dios quiera expandir las fronteras de tu mente para su gloria?

Oración

Padre, me arrepiento de todo tipo de intolerancia en la que haya podido participar. Haz que tenga siempre presente que tú le diste a todo ser humano el derecho a elegir sus creencias y su estilo de vida. Pido abundancia de tu amor y gracia para que yo pueda dárselo a los que más lo necesiten. En el nombre de Jesús. Amén.

Día 17

Actitud racista

*Una forma de pensar discriminatoria
y llena de prejuicios hacia un grupo
concreto por razón de su raza*

El racismo sigue siendo un tema delicado. Es como el elefante del proverbio, el que está en medio de una habitación, pero del que nadie quiere hablar. Desdichadamente, la "habitación" es la sociedad en general. Y aunque se ha avanzado mucho en las últimas décadas, el elefante no se fue de la habitación cuando los Estados Unidos eligieron a su primer presidente afroamericano de la historia en enero de 2009.

Ya se trate de las críticas de María y Aarón a Moisés por casarse con una etíope (Nm. 12:1) o de la amarga relación entre los judíos y los samaritanos (Jn. 4:9), el racismo ha sido el azote de la humanidad casi desde sus mismos inicios. Es extraño que esto sea así —en especial entre cristianos— cuando la Biblia dice claramente que Dios hizo a toda la raza humana a su propia imagen y conforme a su semejanza (Gn. 1:26).

En realidad solo hay una raza: la raza humana. Pero

si Dios en su infinita sabiduría decidió que cada etnia dentro de la raza humana debía tener sus propias características distintivas, como el color de la piel, el tipo de pelo y demás, ¿quiénes somos nosotros para decidir qué características hacen que una raza sea inferior o superior a otra? Cualquiera que tenga un problema con esto lo tiene con Dios, el Creador, y es culpable de rechazar su obra.

Quizá tengas una actitud racista porque hayas tenido una mala experiencia con una persona de otra etnia. ¿De verdad vas a culpar a toda una raza por las acciones de una mala persona o de un grupo pequeño?

Hace muchos años, mi esposo pidió un trozo de su pastel favorito en un restaurante. Cuando intentaba comerlo con el mismo tenedor que había utilizado para comer el pescado, sintió náuseas. Fue una experiencia tan negativa para él, que se negó a comer pescado durante quince años. Le daba asco porque lo asociaba con la náusea. A menudo me burlaba de él porque me parecía raro que no hubiera dejado de comer postre o de utilizar tenedores. Cuando empezó a pensar más en la salud, se dio cuenta de los beneficios de comer pescado, así que decidió darle una nueva oportunidad. Al principio solo podía comer pescado frito o un tipo específico de pescado. Más tarde, se fue alejando de su zona de comodidad y empezó a experimentar con distintos platos hasta que finalmente fue capaz de disfrutar del sabor y los beneficios del pescado preparado de diferentes maneras.

Puedes actuar de la misma manera si sientes que tienes una actitud racista y deseas superarla. Sí, una experiencia negativa puede dejar un mal gusto de boca. Sin embargo, tendrás que ser activo y comprender la libertad espiritual y emocional de tener la actitud correcta hacia toda la creación de Dios.

Al comportamiento le siguen las emociones. Si empiezas a comportarte de forma diferente con aquellos que siempre despreciaste, tus sentimientos seguro que cambiarán. Prueba estas estrategias y puede que veas que tu antiguo desdén por un grupo étnico en particular se convierte en aceptación:

- Memoriza Gálatas 3:28: "Ya no hay judío ni griego; no hay esclavo ni libre; no hay varón ni mujer; porque *todos* vosotros sois uno en Cristo Jesús" (cursivas añadidas).

- Sonríe genuinamente y pídele a Dios que su Palabra fluya a través de ti.

- Sé el primero en decir hola.

- Participa en una conversación; recuerda que todos compartimos las mismas preocupaciones: finanzas, familia y salud.

- Invita a alguien a realizar una actividad social o un estudio bíblico.

  Una joven pareja de raza negra me comentó hace poco que se sentían aislados en su iglesia de blancos porque nadie se acercaba a ellos. Yo los animé a que fueran ellos los que tomaran la iniciativa y se acercaran primero; y si eso no daba el resultado deseado, que lo intentaran con otros.

Muchos blancos a menudo temen que sus bien-intencionados esfuerzos sean rechazados o mal entendidos. Algunos simplemente no saben cómo relacionarse con los negros o con otras minorías porque han sido programados desde la niñez para tener ciertas creencias. Por eso permanecen dentro de su cáscara.

Entender y derribar los muros del racismo debe empezar con personas valientes y espiritualmente maduras, que están llenas del Espíritu Santo y se dejan controlar por Él.

• Investiga las biografías de personas de la raza que no te gusta y que hayan realizado grandes contribuciones a la sociedad o se hayan sacrificado por grandes causas; y no saques la conclusión de que ellos fueron únicamente la excepción a tu forma de pensar llena de prejuicios.

• Si eres una persona negra que siente resentimiento hacia los blancos y se niega a perdonar las atrocidades e iniquidades raciales del pasado, piensa que muchos blancos se manifestaron junto a Martin Luther King Jr. pidiendo la igualdad para los negros. Arriesgaron sus vidas, fueron encarcelados, rechazados por muchos otros blancos y pasaron por grandes sufrimientos. No obstante, se manifestaron. En su famoso discurso "Tengo un sueño", el doctor King se lo agradeció: "La maravillosa nueva militancia que ha envuelto a la comunidad negra no debe conducirnos a la desconfianza de toda persona blanca, porque muchos de nuestros hermanos blancos, como lo evidencia su presencia aquí hoy, han llegado a comprender que su destino está unido al nuestro, y su libertad está inextricablemente ligada a la nuestra. No podemos caminar solos".

• Arrepiéntete y pídele a Dios que te perdone y elimine de ti la insidiosa actitud del racismo. Pensar una y otra vez en las maldades e iniquidades sufridas a mano de una persona de otra raza solo reforzará tu negatividad e impedirá que alcances tu destino.

Oración

Padre, perdóname por el pecado del racismo. Límpiame de esta malvada actitud y obra en mí para que desee hacer todo lo que te complace cuando acepte a todos los grupos étnicos de tu maravillosa creación. En el nombre de Jesús. Amén.

Día 18

Actitud inflexible

No querer tomar en consideración
modos alternativos de hacer las cosas

"Una persona flexible es una persona feliz", dijo mi esposo imitando la expresión que yo digo siempre para reajustar mi actitud cuando mis preciosos planes salen mal. Esta era su manera de hacerme saber que algo había ido mal, pero estaba intentando "aceptar la adversidad".

Aunque no he "llegado" todavía, he avanzado mucho en lo que se refiere a la superación de mi actitud rígida. Solía colocar mis planes en cemento y maldecir a todo el que los cambiaba. Lo más probable es que eliminara de mi lista de relaciones a aquellos que se atrevían a hacerlo. Gracias a Dios por liberarme de esta actitud.

Hace más de veinte años, la esposa de un amigo de toda la vida lo acompañó en uno de sus viajes de avivamiento a Los Ángeles. Cuando el vuelo llegó, se enteró de que le habían perdido el equipaje. El culto de avivamiento iba a empezar en breve. Estoy segura de que había previsto ponerse un traje especial, pero no demostró ningún tipo de frustración o decepción. Su flexibilidad y tranquilidad me impresionaron en gran manera. Decidí que haría todo lo posible para convertirme en una persona flexible. De hecho, renuevo mi compromiso cada vez que observo a alguien que se siente muy frustrado porque se niega a ser flexible.

Ray es un típico ejemplo. Su trabajo como obrero de mantenimiento le obliga a compartir un camión con otro hombre llamado Jack. Jack suele tener siempre mucho calor y necesita tener las ventanillas bajas, incluso cuando hace frío fuera. Ray a menudo se siente insoportable y exasperantemente incómodo. Se ha enfrentado a Jack varias veces; la dirección de la compañía se niega a involucrarse en el asunto. Cuando me consultó recientemente sobre ello, yo le pregunté: "¿Por qué simplemente no llevas una chaqueta más gruesa al trabajo? Jack sin duda tiene algún tipo de enfermedad que le causa ese problema, y hay un límite de ropa que puede quitarse".

Al principio, Ray se empeñaba en pensar: *No debería ser así.* Cuando yo le señalé que estaba padeciendo un tormento emocional —típico de las personas inflexibles—, se dio cuenta de que podía continuar viviendo en el "No debería ser así" o realizar los cambios necesarios.

Alguien dijo una vez: "Bienaventurados los flexibles, porque no se enojarán", como le ocurrió a Naamán, el comandante del ejército sirio que estaba enfermo de lepra. La sirvienta de su esposa, una judía cautiva, le sugirió que visitara al profeta Eliseo para que lo curara. Él se había imaginado el escenario de curación antes de salir de casa. Sin embargo, cuando llegó, Eliseo ni siquiera se molestó en salir a saludarlo.

> *"Entonces Eliseo le envió un mensajero, diciendo: Ve y lávate siete veces en el Jordán, y tu carne se te restaurará, y serás limpio. Y Naamán se fue enojado, diciendo: He aquí yo decía para mí: Saldrá él luego, y estando en pie invocará el nombre de Jehová su Dios, y alzará su mano y tocará el lugar, y sanará la lepra. Abana y Farfar, ríos de Damasco, ¿no son mejores que todas las aguas de Israel? Si me lavare en ellos, ¿no seré también limpio? Y se volvió, y se fue enojado"* (2 R. 5:10-12).

Incluso estando necesitado, Naamán se mantuvo rígido en su posición. Si no hubiera sido por la sabia intervención de sus sirvientes, que lo animaron a intentar por lo menos lo que le había dicho el profeta, no habría sido curado. Afortunadamente, reajustó su actitud, y después de la séptima inmersión en el sucio río Jordán, la lepra desapareció.

¿Te resistes al cambio y sigues insistiendo en tus expectativas? Si es así, vete a un lugar tranquilo y reflexiona en las siguientes cuestiones:

- ¿Qué es lo que temo de este cambio o desvío en mis planes?

- Si no pudieran suceder estas cosas que temo, ¿cómo mejoraría este cambio mi calidad de vida espiritual, emocional, financiera o física, y mis relaciones con los demás?

- ¿Estoy dispuesto a arriesgar la voluntad perfecta de Dios resistiéndome al cambio que Él ha organizado? Tu inflexibilidad es un intento de controlar un resultado. Muchos se pierden las bendiciones de Dios, como Naamán, porque lo han puesto en una caja y solo miran dentro de la caja para buscar respuesta. Fuérzate a mirar fuera de la caja siendo flexible.

- ¿Estoy siendo perezoso o complaciente conmigo mismo, y no quiero invertir el tiempo y el esfuerzo necesario para cambiar?

Empieza por realizar alguna cosa de forma distinta, incluso cosas sencillas, todos los días (por ejemplo, un camino diferente para ir al trabajo, sentarte en un lugar distinto en la iglesia, hablar con una persona que no conoces). Intenta también meditar sobre estas citas de grandes autores que hablan del cambio:[5]

- "Cada ser humano tiene cuatro atributos: conocimiento de sí mismo, conciencia, voluntad propia e imaginación creativa. Estos atributos nos dan la libertad humana: el poder de elegir, de responder y de cambiar" (Stephen R. Covey).

- "El cambio es ley de vida. Y quienes se empeñan en contemplar solo el pasado o el presente perderán lo que nos depare el futuro" (John Fitzgerald Kennedy).

- "El mundo odia el cambio, sin embargo, es lo único que ha traído el progreso" (Charles Franklin Kettering).

- "No se puede gestionar el cambio, solo se puede ir por delante de él" (Peter F. Drucker).

Oración

Señor, ayúdame a reconocerte en todos mis caminos para que Tú puedas dirigir mis pasos. Dame la fuerza emocional y espiritual para asumir los cambios que hayas planificado para que consiga tu propósito. En el nombre de Jesús. Amén.

Día 19

Actitud de mártir

Sacrificarse o sufrir para
despertar sentimientos de piedad
o culpabilidad en los demás

Lleva el peso del mundo sobre sus espaldas; y se asegura de que todos lo sepan.

"Tuve que salir pronto del trabajo hoy porque tenía que llevar a mi anciano vecino al doctor. Él no tiene parientes en la ciudad".

"Estoy agotado. Trabajé dieciséis horas en esa propuesta, mientras que el resto de los ejecutivos salieron a disfrutar de la *happy hour*".

"Tuve que limpiar toda la casa yo sola para prepararla para nuestros invitados. Mi esposo y mis hijos no levantaron un dedo para ayudarme".

¿Te suena familiar? Es un *falso* mártir. Se sacrifica por un falso sentido de obligación y recibe la satisfacción y la autoestima de la simpatía y atención que le proporcionan los demás. Lo podemos encontrar en todo tipo de relaciones humanas: matrimonios, compañías, iglesias, escuelas, organizaciones sociales y cualquier otra.

Puede que te preguntes: ¿No es el martirio un acto noble? ¿Cómo es un *verdadero* mártir?

Un verdadero mártir sacrifica su vida o su libertad para alentar una causa o creencia en beneficio de muchos. Entre los mártires famosos, están Martin Luther King Jr., que luchó por la igualdad de derechos civiles para la comunidad de color, y Dietrich Bonhoeffer, un pastor luterano y teólogo asesinado por los nazis por resistirse abiertamente a la política de Hitler contra los judíos. Al contrario que los falsos mártires, estos hombres dieron su vida por una causa. Nunca exaltaron su sacrificio personal ni se pusieron insignias de honor.

Una actitud de mártir puede tener un efecto muy negativo en las relaciones. Los demás encuentran agotadora la actitud del falso mártir y no les gusta tenerlo cerca, principalmente porque los falsos mártires se quejan de su servicio. Además, algunos mártires intentan que los que no emulan o aprecian sus sacrificios se sientan culpables. A la mayoría no le gusta ser manipulada de esa manera.

He tenido muchas discusiones con un falso mártir que a menudo nos acusa a mi esposo y a mí de ser insensibles ante las necesidades de los demás simplemente porque no vamos publicando o proclamando nuestra benevolencia hacia otros como hace él. Además, contrario a él, nosotros no permitimos de ninguna manera el comportamiento financiero irresponsable. Nos negamos a entregar dinero a las personas solo porque se nos pida que lo hagamos. Él encuentra todo tipo de razones para justificar su actitud de mártir.

¿Y tú? ¿Te sacrificas por otros esperando ganarte su favor, amor o lealtad? ¿Te recriminas a ti mismo poner siempre las necesidades de los demás por encima de las tuyas? ¿Sientes resentimiento hacia ciertas personas porque ellas dan por hecho que tú vas a hacer lo que te pidan o porque no respetan tus límites (esos que nunca has establecido de forma expresa)? ¿Sientes en lo profundo de ti que no mereces la benevolencia o los sacrificios de los demás? ¿Te resulta difícil pedir ayuda por temor a sentirte obligado a corresponder? Si estás preparado para liberarte de este modo de pensar, intenta las siguientes estrategias en los próximos treinta días:

Sirve con sinceridad. "El amor sea sin fingimiento" (Ro. 12:9). Sé honesto acerca de tu objetivo real en sacrificarte por los demás. Sólo Dios sabe el motivo verdadero, y Él te ha dado la Biblia para ayudarte a discernirlo. "Porque la palabra de Dios es viva y eficaz, y más cortante que toda espada de dos filos… y discierne los pensamientos y las intenciones del corazón" (He. 4:12). Recomiendo leer cada mañana un capítulo de Proverbios para sabiduría, orientación, y la purificación de tus motivos.

Sirve en silencio. Deja de mencionar los sacrificios que haces o de quejarte de ellos. Este hábito puede estar arraigado en ti, así que tendrás que darte cuenta de que lo estás haciendo antes de dejarte caer en él. Es una actitud en la que resulta fácil caer si sueles ser la persona a la que todo el mundo recurre cuando necesita algo. Hoy mismo, me di cuenta de que me estaba quejando por tres sacrificios distintos que yo había decidido incluir dentro de mi apretado horario para escribir. Me detuve y recordé que Dios nos da aptitudes, habilidades y recursos para utilizarlos para su gloria: "Mas el que sin conocerla hizo cosas dignas de azotes, será azotado poco; porque a todo aquel a quien se haya dado mucho, mucho se le demandará; y al que mucho se le haya confiado, más se le pedirá" (Lc. 12:48). Niégate a quejarte por lo que Dios te pide que hagas, cuando tengas la seguridad de que es Él quien te lo está pidiendo.

Sirve de forma selectiva. Ora antes de hacer un sacrificio personal. Asegúrate de que es "idea de Dios" y no solo una "buena idea" nacida de tu necesidad de sentirte necesitado. Por cierto, repasé los tres sacrificios mencionados anteriormente y eliminé uno de mi lista después de darme cuenta de que la culpa era autoimpuesta y no una convicción del Espíritu Santo. Si crees que no eres capaz de hacer el sacrificio de forma sincera y obediente, o no sientes la paz de Dios, ora pidiendo coraje para decir que no.

Oración

Padre, perdóname por no servir a los demás con un corazón puro. Sáname de mis inseguridades y de mis motivos impuros y ayúdame a servir con alegría. En el nombre de Jesús. Amén.

Día 20

Actitud sarcástica

Tendencia a utilizar un lenguaje jocoso
para expresar insultos o desdén

Poco antes de ser ejecutado, le preguntaron al asesino James Rodgers cuál era su último deseo. "Pues me vendría bien un chaleco antibalas" —comentó.[6] Incluso a punto de morir, no pudo resistirse a ser sarcástico.

¿Respondes normalmente a otros de manera opuesta a como realmente te sientes (como evidencian tu tono o lenguaje corporal: sonrisa de satisfacción, alzamiento de cejas, movimiento de cabeza hacia un lado, suspiro de alivio)? El sarcasmo puede arruinar tus relaciones, ya que su objetivo es desdeñar, menospreciar, insultar o expresar irritación o desaprobación. Puede aparecer en todo tipo de escenarios sociales. Por ejemplo:

En casa: El estudiante lleva a casa su boletín de notas, que reflejan un nivel bajo en todas las asignaturas. Papá le dice: "Sigue así, ¡Einstein!". El padre está expresando su frustración diciendo lo contrario de lo que realmente siente.

En los deportes: El jugador de béisbol novato falla al batear… por tercera vez. El entrenador grita: "¡Así se hace, Jack!".

En una relación romántica: Juan le compra a su mujer, Susi, unos pendientes pequeños de diamantes. Ella, que esperaba unos más grandes, dice: "¡Uf, las personas se van a quedar ciega al mirarlos!".

Como advertencia, el sarcasmo no siempre es malo y a veces se utiliza incluso en la Biblia. Una de las ocasiones más notables es cuando Elías reta a los falsos profetas de Baal a encender un fuego para demostrar cuál es el verdadero Dios. Les deja ser los primeros en colocar el sacrificio en el altar e invocar a su dios para que envíe el fuego que lo consuma. Tras varias horas de esperar sin resultado la actuación de Baal, Elías se pone un tanto sarcástico: "Y aconteció al mediodía, que Elías se burlaba de ellos, diciendo: Gritad en alta voz, porque dios es; quizá está meditando, o tiene algún trabajo, o va de camino; tal vez duerme, y hay que despertarle" (1 R. 18:27). En este ejemplo, Elías utiliza de forma justificada el sarcasmo para mostrar a los profetas de Baal la locura que supone adorar a un dios falso. Dios mismo utilizó el sarcasmo cuando ridiculizó a los que toman un trozo de madera y con una parte hacen fuego y con la otra hacen un "dios" (Is. 44:13-20).

¿Cómo afecta a tu vida la actitud sarcástica? ¿Cómo sueles responder a tus frustraciones recurrentes o cuando los demás te irritan? Quizá te hayas convencido a ti mismo que no eres en absoluto sarcástico, solo jocoso o ingenioso. El sarcasmo no es un chiste, aunque tú trates de disfrazarlo así mediante la risa. Quizá no eres consciente de que tu sarcasmo es muy probable que haga haga sentirse menospreciado o devaluado al que lo escucha. No es una buena forma de ganarse amigos o de influir en los demás. Si quieres empezar a tratar este pobre estilo de comunicación, te pueden servir de ayuda las siguientes estrategias.

Admite cuál es tu motivo para ser sarcástico. Puede que estés intentando controlar a otras personas o avergonzarlas por un comportamiento que tú desapruebas. Enfréntate a ello, la única persona a la que puedes controlar es a ti mismo. O puede que estés tratando de demostrar tu gran intelecto llamando la atención sobre la deficiencia de otro.

Practica un enfoque más directo para expresar tu disconformidad. Plantear una cuestión que permita que se comprendan mejor las cosas es más eficaz. Por ejemplo, en lugar de decir: "Pero ¿en qué estabas pensando?", intenta algo como: "¿Qué estrategia u objetivo tenías en mente cuando actuaste así?". Esta última frase expresa confianza en que se han meditado las cosas antes de hacerlas. Dios te dará las palabras adecuadas si se lo pides. "…el corazón del sabio discierne el tiempo y el juicio. Porque para todo lo que quisieres hay tiempo y juicio…" (Ecl. 8:5-6).

Piensa en las implicaciones y consecuencias de lo que vas a decir antes de decirlo. Pregúntate a ti mismo: ¿Mis palabras implican que el oyente es estúpido o no tiene demasiado juicio? ¿Mis palabras edificarán o destruirán? "Eviten toda conversación obscena. Por el contrario, que sus palabras contribuyan a la necesaria edificación y sean de bendición para quienes escuchan" (Ef. 4:29, NVI). Asegúrate de que todas las palabras pasen la prueba de "ser de bendición".

Piensa en cómo te sentirías si alguien te dijera lo que vas a decirle a otra persona. Que esta regla de oro sea tu guía.

Oración

Padre, necesito sabiduría para ser más consciente de lo que les digo a los demás. Enséñame a aceptar mejor los defectos de otros así como tú aceptas los míos. En el nombre de Jesús. Amén.

Día 21

Actitud vengativa

Tener un fuerte deseo de venganza

"No te enojes, págale con la misma moneda", dice una frase popular. Estoy segura de que la mayoría de nosotros admitiría que, al menos una vez, ha *deseado* vengarse por algo malo que le han hecho. Incluso, aunque nosotros nunca lo haríamos, podemos deleitarnos con la idea de que alguien le dé su merecido a aquel que nos hizo mal. Solía odiar la mera idea de que alguien que hubiera intentado herirme o perjudicarme se saliera con la suya sin sufrir las consecuencias, al menos aparentemente.

La Biblia está repleta de personajes vengativos. Cuando los estudié, me di cuenta de que ninguno de ellos tuvo un final de vida positivo. Pensemos en Amán, el oficial persa de alto rango que deseaba exterminar a todos los judíos porque el judío Mardoqueo se negaba a inclinarse ante él. El plan que había diseñado con tanto cuidado se volvió contra él y le acarreó la muerte a él y a sus diez hijos, y además Mardoqueo se quedó con todo lo que le pertenecía (Est. 3—9).

También está la venganza de Absalón, hijo del rey David, contra su medio hermano Amnón por haber violado a su amada hermana Tamar. Absalón estuvo acumulando ira durante dos años y finalmente mandó matar a Amnón en una fiesta que preparó especialmente con este propósito. En relación con ese horrible suceso, el sobrino del rey explicó: "…Absalón ya lo tenía decidido desde el día en que Amnón violó a su hermana Tamar" (2 S. 13:32, NVI). Absalón huyó del país. Incluso aunque su padre le permitió regresar varios años después, su relación ya nunca volvió a ser la misma. Absalón intentó más tarde hacerse con el trono y murió en el curso de la larga rebelión.

¿Cómo puedes evitar desarrollar un espíritu vengativo? Estas son algunas estrategias para intentar sofocar tu tentación de pagar con la misma moneda.

Deja de verbalizar tu deseo de venganza.

No digas: «Le haré lo mismo que me hizo; le pagaré con la misma moneda» (Pr. 24:29, NVI).

Hablar de la ofensa y del ofensor mantiene viva la herida emocional y el deseo de venganza. Además, hablar continuamente del ofensor es una forma de venganza, ya que se obtiene satisfacción al manchar su imagen.

Pon tu fe en la justicia divina. A menudo una persona se venga porque no cree en el sistema judicial o no cree que los que tienen que impartir justicia lo vayan a hacer adecuadamente. Por lo tanto, deciden hacer justicia por mano propia. En la historia de la muerte de Amnón por mandato de Absalón, el rey David se puso furioso con aquel en el momento de la violación, pero no hizo nada para castigarlo. Por lo tanto, Absalón tomó la decisión de reparar el mismo el error. Esto fue el principio del fin.

Niégate a formar parte de cualquier tipo de venganza. Algunos actos de venganza pueden no ser tan severos o significativos como estos. Sin embargo, cualquier intento de vengarse por un mal cometido es una violación de la Palabra de Dios.

Piensa en las formas de venganza que has utilizado. ¿Hablar mal del que te hizo daño? ¿Dejar de hablar con él? ¿Hacer comentarios sarcásticos? ¿Fingir ignorancia para evitar ayudarle en el trabajo? ¿Dejarlo plantado? ¿Destruir su propiedad? ¿Recurrir a la violencia física o al ataque verbal? ¿Tomar recursos de la compañía sin permiso? ¿Aplicarle las reglas del lugar de trabajo de forma más estricta que a los demás? ¿Ir más despacio deliberadamente para que se sienta frustrado? ¿Negarte a tener relaciones sexuales con tu cónyuge?

Estos son solo algunos de los comportamientos contra los que debes resistirte. Dios es el único autorizado para vengar los errores. "No os venguéis vosotros mismos, amados míos, sino dejad lugar a la ira de Dios; porque escrito está: Mía es la venganza, yo pagaré, dice el Señor" (Ro. 12:19).

Lo que sé tras luchar durante años contra una actitud vengativa es que hacer mal por mal no aporta ninguna satisfacción. Además, ¿has pensado alguna vez que la persona que te hirió puede haber cambiado realmente? ¿Y si Dios hace que tus transgresiones se vuelvan en tu contra para siempre? Por último, el espíritu vengativo destruirá tu paz mental porque disgusta a Dios. ¡Resístete desde hoy mismo!

Oración

Padre, mediante el poder de tu Espíritu, libérame de cualquier deseo de venganza hacia cualquier persona por cualquier razón. Quiero caminar en tu paz y permitirte que vengues todas las maldades que se hagan en contra de mí. En el nombre de Jesús. Amén.

Día 22

Actitud de escasez

*Confiar en un conjunto limitado
de recursos para la vida*

"¿Cómo pudiste sabotear nuestro negocio de esta manera? ¿Cómo se te ocurre animar a las mujeres a comprar en el distrito de venta al por mayor de Los Ángeles cuando estamos ofreciendo aquí nuestras mercancías?".

Esta enojada vendedora se enfrentó a mí en nombre de todo el grupo de vendedoras de ropa, y ¡vaya si estaban enojadas!

Aunque este hecho sucedió hace más de veinticinco años, lo recuerdo perfectamente. Me habían invitado a hablar en la conferencia anual para mujeres de mi iglesia sobre cómo comprar con poco presupuesto. A la exposición, asistían algunas de las mujeres empresarias de la congregación que vendían joyas, ropa de mujer y otras cosas, principalmente de sus propias tiendas. Cada una de ellas había comprado un *stand* para aquel acontecimiento. Cuando hice la sugerencia de comprar en la zona de grandes descuentos de la ciudad, no se me ocurrió que nuestras vendedoras estarían pensando únicamente en las mujeres de la congregación local como clientes potenciales. Según la vendedora que se enfrentó a mí, la recomendación que había hecho iba a ir en detrimento de sus ventas.

Asombrada por aquel arrebato, recuerdo que pensé: *¡Qué corta de miras! ¡Qué poca fe!* (Y algunas otras frases de enjuiciamiento).

Varios años más tarde, Stephen Covey escribiría sobre esta forma de pensar en su exitoso libro *Los 7 hábitos de la gente altamente efectiva*. Lo llama mentalidad de escasez. Covey explica: "La mayor parte de las personas… ven la vida como si hubiera pocas cosas, solo una tarta. Y si alguien consigue un trozo grande, necesariamente otro se quedará con menos".[7] Él contrasta esta actitud con lo que llama mentalidad de la abundancia, en la cual las personas creen que hay tarta suficiente como para compartirla con los demás.

He visto cómo funciona la mentalidad de escasez en todo tipo de relaciones humanas, desde la mujer insegura que se niega a compartir con los demás una simple receta de galletas hecha con unos pocos ingredientes, hasta la oradora motivacional en ciernes que no dijo el nombre de un proveedor en una red para compartir información entre oradores que yo dirigía. Evidentemente ella consideraba a todos los que participaban en esa red como competidores en un escaso mercado de compradores; aunque ninguno del grupo decía en qué mercado trabajaban exactamente. (Quité su nombre de la lista para futuras reuniones. No deseaba tener relación con una persona con un modo de pensar tan limitado).

He visto la mentalidad de escasez en las familias: mi familia. Si yo elogio lo que hace el hermano X frente al hermano Y, el hermano Y buscará la manera de quitar importancia a la acción de X, como si no hubiera bastantes elogios para todos.

Esta actitud también fue muy evidente en la iglesia primitiva. Diótrefes, un líder de iglesia, no permitía que el apóstol Juan u otros líderes vinieran a hablar a su iglesia. Juan explicó por qué ocurría esto: "...Diótrefes, al cual le gusta tener el primer lugar entre ellos, no nos recibe" (3 Jn. 9). Temía perder su puesto destacado o su popularidad dentro de la congregación. ¿Puede realmente haber escasez de algo tan intangible como el amor, el aprecio y la lealtad?

He visto cómo la actitud de escasez acaba con los planes y las ideas creativas de las personas. Algunos futuros autores han abandonado su sueño de escribir sobre un tema en particular porque otra persona ya lo había hecho. Incluso al escribir este libro, tuve que resistirme a pensamientos de derrota del tipo *¿quién necesita otro libro sobre actitudes?* Sin embargo, recordé las palabras de un famoso asesor: "Escribe *tu* libro. Habrá una audiencia para *tu* libro".

Si estás luchando contra una actitud de escasez en tus relaciones, tu profesión u otras áreas de tu vida, detente un momento y piensa en las implicaciones de tal forma de pensar. Tiene sus raíces en el miedo y muestra desconfianza ante el asombroso poder de Dios para suplir todas nuestras necesidades según sus grandes recursos. Está basado en la falsa suposición de que si alguien más tiene algo, uno no puede tenerlo porque solo hay una tarta, y cada trozo que se come alguien significa que queda menos para los demás. Esta locura del "tú ganas, yo pierdo" debe detenerse ahora mismo. Te hará ser un mal jugador de equipo porque crees que compartir disminuye tu porción. Así no se puede vivir una vida abundante.

Empieza hoy a reprogramar tu forma de pensar. Recuérdate que no estás en competición con nadie por nada en ninguna área de tu vida. Aférrate a las palabras de Jesús: "…yo he venido para que tengan vida, y para que la tengan en abundancia" (Jn. 10:10).

Oración

Padre, ayúdame a eliminar los pensamientos de escasez. Muéstrame cómo debo ayudar a otros a conseguir sus objetivos compartiendo con ellos mi tiempo, talento, riqueza y contactos. En el nombre de Jesús. Amén.

Día 23

Actitud farisaica

Tener una actitud de superioridad moral;
mostrar una exagerada santidad personal

Mi amiga Debbie fue educada en una denominación que enseñaba a sus miembros que ellos eran superiores a los demás grupos religiosos porque hablaban en lenguas y evitaban comportamientos mundanos, como ponerse pantalones, ir al cine, llevar maquillaje, pintarse las uñas, practicar deportes (¡no bromeo!) y cualquier otra cosa que se considere divertido. Más tarde ella se enteró de que algunos de los líderes que eran más inflexibles con los congregantes, a la hora de obedecer estas estrictas reglas, eran culpables de adulterio, avaricia y de muchos otros pecados.

Después de la universidad, Debbie se fue a otra parte del país y se hizo miembro de una iglesia donde tenía contacto con líderes que llevaban pantalones y maquillaje. Para ella resultaba muy confuso mantenerse al margen y no juzgar con aire de suficiencia a ellos y al resto de la congregación por sus maneras mundanas de actuar. Sin embargo, no podía negar que el poder de Dios estaba obrando cuando ponían en práctica sus dones espirituales de sanidad, profecías, milagros y otras manifestaciones del poder del Espíritu.

Finalmente, Debbie se dio cuenta de que muchas de las convicciones que había mantenido eran el resultado de tradiciones humanas; otras eran temas de santidad personal hacia los que Dios la había llamado para que cumpliera el propósito que Él tenía para su vida. Y sí, algunos de los miembros eran sin duda mundanos, pero Dios les había extendido su gracia por razones que ella no era capaz de comprender.

Los fariseos, ese grupo religioso de judíos que insistían en seguir la ley de forma estricta, tenían una forma de pensar similar a Debbie. Jesús se apresuró a denunciar esta forma de pensar.

> *"A unos que confiaban en sí mismos como justos, y menospreciaban a los otros, dijo también esta parábola: Dos hombres subieron al templo a orar: uno era fariseo, y el otro publicano. El fariseo, puesto en pie, oraba consigo mismo de esta manera: Dios, te doy gracias porque no soy como los otros hombres, ladrones, injustos, adúlteros, ni aun como este publicano; ayuno dos veces a la semana, doy diezmos de todo lo que gano. Mas el publicano, estando lejos, no quería ni aun alzar los ojos al cielo, sino que se golpeaba el pecho, diciendo: Dios, sé propicio a mí, pecador. Os digo que éste descendió a su casa justificado antes que el otro; porque cualquiera que se enaltece, será humillado; y el que se humilla será enaltecido"* (Lc. 18:9-14).

Con esta parábola queda claro que Dios es más tolerante con un pecador honesto que con un puritano hipócrita. Sí, ayunar y dar el diezmo eran cosas piadosas, pero Dios sabía que los fariseos eran culpables de muchos otros pecados, como el de mostrar demasiada arrogancia moral. Se pasó casi todo el capítulo veintitrés de Mateo denunciando este comportamiento.

¿Qué "buen" comportamiento ha sido una fuente de orgullo para ti? Quizá eres un buen trabajador que has conseguido buenos tratos toda tu vida y nunca has necesitado ayuda gubernamental. ¿Juzgas negativamente a aquellos que sí la han necesitado? ¿Has ignorado el hecho de que cuando haces trampas en tus impuestos, obligas al gobierno a darte un subsidio involuntario? ¿Te sientes tan orgulloso de no haberle sido infiel jamás a tu cónyuge que detestas a los que son inmorales sexualmente, pero no tomas en cuenta la aventura emocional en la oficina, o las películas prohibidas que miras o ese vistazo que echas de vez en cuando a las páginas pornográficas?

Mi objetivo al tratar estos temas no es echar un jarro de agua fría sobre nuestro deseo de ser rectos, sino recordarnos que todos hemos pecado y fracasado en los requerimientos de Dios. Tenemos que entender que cuando pensamos que somos buenos y justos es porque estamos muy cerca de satisfacer requisitos humanos y no la auténtica intimidad con Dios. Cuanto más nos acercamos a Él, más ilumina su Palabra los fallos de nuestra vida, y más conscientes somos de nuestra necesidad de gracia y misericordia. Cuando admitimos nuestras debilidades y puntos vulnerables, las personas sienten una conexión mayor con nosotros y ven que tienen más posibilidad de relacionarse con nosotros.

En el momento mismo en el que me parece estar haciéndolo todo perfectamente en mi vida espiritual, sucede algo que me devuelve a la realidad y me lleva a pedir perdón (por lo general, debido a palabras poco inteligentes dichas sin pensar o con una actitud de enjuiciamiento).

Una vez, cuando trabajaba como administradora financiera de una megaiglesia, recibí un cheque sin fondos por diez dólares que había dado una de las mujeres mejor vestidas de la congregación. Recuerdo que pensé de modo fariseo: *Señor, doy gracias por no ser como la hermana Mabel. He dado mis diezmos fielmente durante treinta años y nunca he extendido un cheque sin fondos a la iglesia porque tengo las prioridades adecuadas respecto al dinero. Además...*

El Señor me detuvo haciendo que acudiese a mi mente: "No juzguéis, para que no seáis juzgados" (Mt. 7:1).

¡Es tan fácil salirse del buen camino! Creo que lo que el Espíritu dice en momentos como esos es: "Escucha, no puedes vivir una vida piadosa por ti mismo, así que no te enorgullezcas por los pecados que no cometes, 'porque Dios es el que en vosotros produce así el querer como el hacer, por su buena voluntad' (Fil. 2:13). Hacer lo correcto no emana de tu naturaleza carnal. Así que ten misericordia y extiende hacia los demás la gracia que recibes del Señor".

Por lo tanto, ahí hay un reto para todos. Dejemos de intentar engañar a los demás y a nosotros mismos pensando que nuestra manera de ser farisaica es auténtica rectitud. Tenemos que arrepentirnos de este y de otros pecados diariamente. Niégate a juzgar a los demás según los criterios humanos. Es duro aceptar a otros y ser aceptados cuando enjuiciamos. Ora por los que no cumplen con los estándares comunicados en la Palabra de Dios. Cuando te sientas tentado a juzgar a otros, recuerda que nadie puede ser nunca *demasiado malo* para ser utilizado por el Señor, pero puede ser *demasiado bueno*.

La única rectitud que tenemos se la debemos a Dios, y Él nos la ha dado a través de la sangre de Jesucristo. No la podemos ganar con nuestras buenas obras.

Oración

Padre, recuérdame que cada acto no recto es pecado a tus ojos y que no debo justificar mis actos ni juzgar el comportamiento de los demás. En el nombre de Jesús. Amén.

Día 24

Actitud huraña

*Negarse a hablar, a ser sociable
o a cooperar con alegría*

Esta actitud se puede encontrar en el vendedor que apenas dice "hola" cuando te acercas al mostrador; en el adolescente que parece odiar la vida en general; en el empleado, la esposa o el novio irritable que no han aprendido a expresar sus preferencias, disgustos u otros deseos de forma productiva. La actitud huraña es una pobre estrategia de comunicación y una auténtica frustración para los demás.

Por supuesto, no hay nada nuevo bajo el sol. Por lo tanto, encontramos varios personajes bíblicos que demuestran tener una actitud huraña. Pensemos por ejemplo en la historia del rey Acab, que no pudo soportar que cierto hacendado rechazara su petición de comprarle una tierra.

"Y vino Acab a su casa triste y enojado, por la palabra que Nabot de Jezreel le había respondido, diciendo: No te daré la heredad de mis padres. Y se acostó en su cama, y volvió su rostro, y no comió. Vino

a él su mujer Jezabel, y le dijo: ¿Por qué está tan decaí-
do tu espíritu, y no comes?" (1 R. 21:4-5).

Aquí tenemos al rey de Israel haciendo muecas como un niño porque no puede salirse con la suya. Por supuesto, era un rey malvado, y se puede esperar una conducta así de las personas que no someten sus vidas a la voluntad y el propósito de Dios. (No te pierdas el trágico fin de esta historia en el capítulo sobre "Actitud controladora").

¿Y la actitud del "buen hijo" en las historia del hijo pródigo? El mal hijo se gastó toda la herencia y regresó a casa humillado y vencido. Cuando el buen hijo se enteró de que su padre iba a celebrar una fiesta para el regreso de su hermano a quien consideraba un inútil, se enojó y no quiso asistir. "Entonces se enojó, y no quería entrar. Salió por tanto su padre, y le rogaba que entrase" (Lc. 15:28). Una vez más tenemos ante nosotros un hombre adulto enfurruñado porque no le gusta lo que está pasando y no quiere molestarse en entender todas las implicaciones del asunto. El padre le explica la importancia de la celebración, pero no cancela la fiesta para satisfacer las exigencias de su huraño hijo. ¡Bien hecho!

Si has recurrido a poner los ojos en blanco, a dar portazos, a no hablar a la otra persona, a huir o a mostrarte pasivo-agresivo para comunicar tu desacuerdo con algo, ya es hora de madurar. Las personas maduras expresan su preocupación en lugar de esperar que los demás les lean sus pensamientos.

Voy a ser un poco benevolente contigo en esto porque hay que reconocer que la actitud huraña puede que no sea culpa tuya del todo. Existe la posibilidad de que la hayas aprendido, lo cual significa que tienes un maestro… quizá varios maestros, por ejemplo unos padres débiles, un cónyuge débil, un jefe débil o amigos débiles. A menudo digo: *enseñamos* a través de lo que *toleramos*. He visto a padres que sin querer enseñan a sus hijos que es bueno exhibir una actitud huraña porque se la toleran. Al hacerlo, crean un ambiente de falta de respeto.

Llámame pasada de moda, pero cuando yo estaba creciendo, no se nos permitía ser huraños. Las consecuencias eran inmediatas y mucho más severas que un mero: "¡Vete a tu habitación!". Pero eso era antes.

Quizá tu cónyuge o tu novio/a te hayan enseñado que mostrarse huraño funciona porque satisfacen tus exigencias cuando te enfurruñas para no sufrir tu indiferencia. Expresar nuestras necesidades, expectativas o decepciones de modo respetuoso ha sido una regla vital en mi matrimonio durante más de treinta años. Creemos que no es justo hacer lo contrario. Además, una actitud huraña abre la puerta al resentimiento, la termita de las relaciones que destruye los fundamentos del matrimonio y de cualquier otra relación.

Así que si te han "enseñado" que una actitud huraña funciona, es responsabilidad tuya vencerla. Consejos para hacerlo:

- Evalúa el asunto desde una perspectiva *total* frente a la perspectiva de cómo te está afectando a ti únicamente. Tus expectativas pueden no ser razonables o puede que no seas consciente del coste que supone cumplir con lo que necesitas. Intenta preguntar: "¿Qué factores pueden obstaculizar la respuesta a mis peticiones?". Trata de entender. Escucha atentamente la respuesta y permanece calmado y respetuoso si sientes la necesidad de refutarla.

- Abandona la actitud inflexible (ver día 18: "Actitud inflexible") y estate dispuesto a negociar una solución alternativa.

- Somete todos tus deseos a Dios con un "No obstante… hágase tu voluntad y no la mía". Tienes que entender que un "no" a menudo es la forma en que tiene Dios de conseguir un propósito más grande para tu vida.

No siempre obtenemos lo que deseamos. Superar las decepciones edifica nuestro carácter. Date cuenta de que ni siquiera Dios consigue todo lo que quiere. Quiere que todos seamos salvos, pero algunas personas eligen no serlo. Él lo acepta: "El Señor no tarda en cumplir su promesa, según entienden algunos la tardanza. Más bien, él tiene paciencia con ustedes, porque no quiere que nadie perezca sino que todos se arrepientan" (2 P. 3:9, nvi).

Oración

Padre, perdóname por no saber discernir y aceptar tu voluntad en las cosas que deseo. Dame la sabiduría para expresar mis necesidades con respeto, para responder misericordiosamente a las decepciones y resistirme a manipular a los demás con una actitud huraña. En el nombre de Jesús. Amén.

Día 25

Actitud victimista

Centrarse en el desamparo y la incapacidad
personal debido a infortunios del pasado

El hombre afligido que llevaba años tendido cerca del estanque llamado Betesda en Jerusalén tenía toda la razón para sentirse un hombre desamparado. Estaba enfermo desde hacía treinta y ocho años. Muchos discapacitados se reunían a la orilla del estanque porque, en ciertas ocasiones, un ángel del Señor bajaba y removía las aguas, y la primera persona que entraba en ellas se curaba. Naturalmente había una gran competición entre todos los que esperaban en el estanque. Debido a su escasa movilidad, no había conseguido ser todavía el primero, y ya era como un mueble empotrado al lado de aquel estanque.

"Cuando Jesús lo vio acostado, y supo que llevaba ya mucho tiempo así, le dijo: ¿Quieres ser sano? Señor, le respondió el enfermo, no tengo quien me meta en el estanque cuando se agita el agua; y entre tanto que yo voy, otro desciende antes que yo" (Jn. 5:6-7).

Pero ¡caramba! ¿Por qué no se limitó a decir: "Sí, quiero ser sano"? ¿Por qué tuvo que ponerse a explicar sus padecimientos pasados? Es obvio que todavía se aferraba a un rayo de esperanza porque podría haberse resignado y haber vuelto a casa. ¿Podría ser que estuviera empezando a disfrutar siendo el invitado de honor de su propia fiesta de autocompasión? Este hombre era una víctima genuina. Además de su parálisis, sufría la gran tragedia de no tener un amigo leal o un miembro de la familia que le ayudase en su esfuerzo por ser curado. Las Escrituras dicen: "En todo tiempo ama el amigo, y es como un hermano en tiempo de angustia" (Pr. 17:17). ¿Por qué estaba su sistema de apoyo tan notoriamente ausente? No sé las respuestas a estas preguntas, pero este hombre sirve muy bien para recordarnos que deberíamos procurar cuidar de nuestras relaciones.

Bueno, este capítulo no va dirigido a las víctimas de delitos recientes u otros trágicos sucesos, sino a aquellos que hayan sufrido en el pasado (por ejemplo, el abandono de padres o cónyuges, abuso sexual o verbal, discriminación) y no hayan sido capaces de seguir adelante. La autocompasión se ha convertido en su manera de conseguir la atención que desean. Mi mensaje es claro: siempre tienes la opción de responder de forma diferente.

Fijémonos en Job, por ejemplo. Era un buen hombre, "…perfecto y recto, temeroso de Dios y apartado del mal" (Job 1:1). Se podía haber sentido fácilmente una víctima de Dios, el cual permitió a Satanás dejarlo sin hijos, sin salud y sin dinero en un corto espacio de tiempo. No obstante: "En todo esto no pecó Job, ni atribuyó a Dios despropósito alguno" (v. 22). ¡Qué modelo!

Ya sea la queja contra Dios o contra un ser humano, la víctima queda estancada en una ofensa sin resolver y se niega a dejar que la herida emocional sane. El filósofo francés Voltaire advirtió: "Cuanto más tiempo persistamos en nuestras desgracias, mayor será su poder para herirnos". Una persona con mentalidad de víctima está siempre alerta a las ofensas de los demás para validar y reforzar su victimismo.

¿Y tú? ¿Quieres ser sano? Si estás dispuesto a admitir que tienes esa actitud, veamos algunas maneras de empezar a superarla.

- Adquiere una perspectiva nueva sobre las ofensas que te hicieron daño en el pasado. Puesto que "…sabemos que a los que aman a Dios, todas las cosas les ayudan a bien, esto es, a los que conforme a su propósito son llamados" (Ro. 8:28), pídele a Dios que te muestre el "bien" que puede surgir de esta pena. Cuando Ann, una estudiante de color, se enfrentó a la fuerte discriminación por parte de su profesor de inglés, decidió que mejoraría sus habilidades para escribir y comunicarse hasta llegar a la perfección. Más tarde se convertiría en una autora de gran éxito. Hoy día, ella agradece aquel incidente y cómo dio forma a su vida.

- Decide perdonar a todos los que te hicieron daño. Piensa que algunas personas de tu lista solo se pueden *percibir* como culpables, ya que tú los has visto únicamente a través de tus "ojos de víctima". Por ahora, no vamos a pretender que te *sientas* diferente respecto a ellos. El perdón es la decisión de liberar una deuda en una relación; no es una emoción.

• Solicita el apoyo de otras personas en las que confíes. Dales permiso para que te avisen cuando aparezca tu actitud victimista y observen que estás saboteando una relación debido a tu pasado.

• Deja de dar sustancia y refuerzo a tu mentalidad de víctima. Niégate a discutir sobre desprecios u otros actos que te revelan tu actitud victimista. "No le gusto al jefe". "Mi esposa no apoya mis objetivos". "Todos ganan más que yo". "Ninguno de mis empleados sabe cuándo es mi cumpleaños".

• Desecha pensamientos de derrota, rechazo y aislamiento. Que tu sonrisa, tu generosidad y tu preocupación real por los demás los atraigan hacia ti.

• Acepta la responsabilidad para el resto de tu vida tomando acciones decisivas. Jesús le dijo a nuestro amigo del estanque de Betesda: "…Levántate, toma tu lecho y anda" (Jn. 5:8). Haz algo. Comienza tu futuro. ¡Se acabaron las excusas!

Oración

Padre, gracias por liberarme de sentir pena por mí mismo y de mi mentalidad de víctima. Estoy preparado para compartir con los demás el amor y el apoyo que tú generosamente me has otorgado. En el nombre de Jesús. Amén.

Día 26

Actitud pesimista

Tendencia a esperar que suceda lo peor

"¡Oficial pesimista pisoteado hasta la muerte por muchedumbre hambrienta!"

Este podría haber sido el titular del medio de comunicación que captó los sucesos de aquel día cuando cuatro leprosos le contaron a Joram, rey de Israel, que se habían tropezado con una abundante cantidad de comida en un campamento enemigo abandonado; suficiente para salvar del hambre a toda la ciudad de Samaria.

La historia empezó cuando el rey sirio Ben-adad puso cerco a la ciudad y cortó todos los suministros. La hambruna que hubo a continuación fue muy grave. La inflación era enorme. Para sobrevivir, el pueblo se veía obligado a comer cabezas de asno y a utilizar el estiércol de las palomas para encender el fuego. Dos madres habían decidido comerse a sus hijos, pero una de ellas renegó de su contrato verbal después de que ambas se habían comido al bebé de la otra (ver 2 R. 6:24—7:20).

El rey Joram, exasperado porque Dios permitía esas cosas, decidió llevar la frustración que sentía hacia Él contra el profeta Eliseo. Por lo tanto, ordenó a un oficial ir a la casa de Eliseo y ejecutarlo. Incluso acompañó al oficial en ese viaje. Sin embargo, cuando llegaron, Eliseo profetizó que el hambre acabaría en veinticuatro horas y que habría abundancia de comida a precio muy reducido. Tal cambio económico en cualquier circunstancia parecía increíble, especialmente para un pesimista.

"Y un príncipe sobre cuyo brazo el rey se apoyaba, respondió al varón de Dios, y dijo: Si Jehová hiciese ahora ventanas en el cielo, ¿sería esto así? Y él dijo: He aquí tú lo verás con tus ojos, mas no comerás de ello" (2 R. 7:2).

Poco después, cuatro leprosos hambrientos pero optimistas decidieron ir a pedir comida al campamento enemigo. Sin embargo, Dios había hecho que los sirios escucharan el sonido de tres ejércitos invasores que se aproximaban. Todos los soldados habían huido a pie para intentar salvar sus vidas, dejando atrás caballos, comida, ropa, armas y todo el campamento intacto. Los leprosos estaban llenos de alegría. Después de tomar todo lo que quisieron, le contaron al rey lo que habían encontrado. Irónicamente, él respondió con la misma actitud pesimista que había mostrado anteriormente su oficial. (¿Podría ser que su comportamiento hubiera influido en la actitud de su oficial?)

"Y se levantó el rey de noche, y dijo a sus siervos: Yo os declararé lo que nos han hecho los sirios. Ellos saben que tenemos hambre, y han salido de las tiendas y se han escondido en el campo, diciendo: Cuando hayan

salido de la ciudad, los tomaremos vivos, y entraremos
en la ciudad" (v. 12).

El rey envió un grupo a investigar, que confirmó la historia de los leprosos. El pueblo estaba maravillado... y hambriento.

"Y el rey puso a la puerta a aquel príncipe sobre
cuyo brazo él se apoyaba; y lo atropelló el pueblo a la
entrada, y murió, conforme a lo que había dicho el
varón de Dios, cuando el rey descendió a él" (v. 17).

El pesimismo del oficial le costó la vida.

¿Y a ti? ¿Es debido al pesimismo, que no puedes vivir la vida con plenitud? ¿Una mala experiencia o una serie de contratiempos y decepciones te han hecho que veas siempre el lado negativo de la situación? Quizá no seas ni siquiera consciente de tu tendencia a expresar desesperanza al futuro, a menospreciar tus habilidades o las de los demás, a negarte a asumir un riesgo calculado, a resistirte ante las oportunidades de crecimiento personal, a quejarte de lo injusta que es la vida, o a expresar impotencia ante algo que puede marcar la diferencia en una circunstancia en particular. ¿Quieres superar esta actitud?

Recuerdo las palabras del doctor Paul Meier, un famoso psiquiatra cristiano: "Las actitudes no son más que hábitos de pensamiento, y los hábitos se pueden adquirir. Una acción repetida se convierte en una actitud conseguida". La Palabra de Dios proporciona consejo práctico para cambiar nuestra forma de pensar: "...consideren bien todo lo verdadero, todo lo respetable, todo lo justo, todo lo puro, todo lo amable, todo lo digno de admiración, en fin, todo lo que sea excelente o merezca elogio" (Fil. 4:8, nvi).

Superar el pesimismo requiere algo más que cambiar de forma de pensar; debes cambiar de comportamiento. Para empezar, debes limitar o eliminar el contacto con otros pesimistas. Comienza a conectarte con personas optimistas. Quizá debería decir *reconectarte*, porque es bastante probable que muchos miembros de tu familia, compañeros de trabajo, antiguos amigos y otras personas se hayan distanciado de ti poco a poco cuando observaron tu repetido pesimismo. Estar con un pesimista es como tener un ejército de hormigas en un día de campo.

También puedes intentar estas otras estrategias:

- Sé sincero con los demás sobre tu intención de superar el pesimismo. Dales permiso para avisarte cuando estés actuando de forma negativa.

- Limita tu contacto con lo que te aporte cosas negativas (medios de comunicación, películas, música).

- Ofrécete como voluntario para servir a otros que sean menos afortunados que tú. Servir crea sentimientos positivos y te da sensación de valer para algo; también es lo correcto.

Sí, puedes convertirte en un eterno optimista. Busca lo bueno de cada situación y expresa siempre la fe que hay allí. Recuerda las palabras de Harry S. Truman, el trigésimo tercer presidente de los Estados Unidos: "El pesimista es aquel que encuentra dificultades en las oportunidades, y el optimista, el que transforma sus dificultades en oportunidades".

Oración

Padre, ayúdame a recordar que todo lo puedo en Cristo que me fortalece, incluso transformar el pesimismo en optimismo. En el nombre de Jesús. Amén.

Día 27

Actitud desafiante

Rebeldía, insubordinación a la autoridad

Desde Adán y Eva hasta el empleado insubordinado que desafía las órdenes de su jefe, la rebelión forma parte de nuestra naturaleza. Sin embargo, la sumisión a la autoridad no es una opción para los hijos de Dios.

"Sométase toda persona a las autoridades superiores; porque no hay autoridad sino de parte de Dios, y las que hay, por Dios han sido establecidas. De modo que quien se opone a la autoridad, a lo establecido por Dios resiste; y los que resisten, acarrean condenación para sí mismos" (Ro. 13:1-2).

Como el pasaje anterior se refiere a "todo tipo de autoridad", empecemos con la familia, en particular la relación entre esposos. Debo andar con pies de plomo aquí, pero el requerimiento de Dios es claro.

"Las casadas estén sujetas a sus propios maridos, como al Señor; porque el marido es cabeza de la mujer, así como Cristo es cabeza de la iglesia, la cual es su cuerpo, y él es su Salvador. Así que, como

*la iglesia está sujeta a Cristo, así también las casa-
das lo estén a sus maridos en todo. Maridos, amad
a vuestras mujeres, así como Cristo amó a la iglesia,
y se entregó a sí mismo por ella, para santificarla,
habiéndola purificado en el lavamiento del agua por
la palabra"* (Ef. 5:22-26).

El maltrato dentro del matrimonio es una epidemia
en nuestra sociedad, y muchas esposas se desaniman ante
el concepto de sumisión cuando esposos rudos, pastores
poco inteligentes o machistas y ciertos consejeros apun-
tan la carga bíblica solo a la esposa. Esto supone una
muy mala aplicación de las Escrituras. Una cuidadosa
lectura muestra que el ideal de Dios es que las esposas
se sometan a sus esposos, y que sus esposos amen a sus
esposas de forma sacrificada, al igual que Cristo amó a
su Iglesia. Ningún esposo puede utilizar este pasaje para
justificar el maltrato a su esposa.

Si eres una esposa o una futura esposa rebelde, y
todo ese concepto de la sumisión te parece desagradable, quiero recordarte algunas de las consecuencias de
desobedecer este pasaje:

- Una mujer desafiante roba a su esposo el papel de
  liderazgo que Dios le ha dado y puede ocasionar
  que él deje de lado sus responsabilidades.

- Con sus actos, una esposa desafiante puede causar
  resentimiento, que puede presentarse en forma
  de frialdad y falta de intimidad.

- Una esposa desafiante avergüenza y daña la autoestima de su esposo y puede provocar que sea duro o maltratador.

No estoy justificando ni consintiendo ninguno de estos resultados posibles. Es una mera llamada de atención para ser tenida en cuenta. Conozco a un hombre que pidió en matrimonio a una mujer que había sufrido abusos sexuales por parte de su padre y ahora tiene una actitud negativa hacia la sumisión, ya que la sumisión de su madre permitió el abuso continuado del padre. Él se está replanteando la propuesta, y con razón, ya que ella se rebela ante la más sencilla de las peticiones que él hace, incluso en presencia de sus amigos, lo cual para él resulta humillante.

El desafío en el trabajo puede tener consecuencias directas también. Aunque no te hayan tenido en cuenta para un ascenso, o te hayan asignado un jefe incompetente o sientas que te han tratado con injusticia, la sumisión sigue siendo lo que hay que hacer. En muchas empresas, la insubordinación es causa de despido. Excepto en asuntos de legalidad o de violación de tus convicciones personales, no hay nunca una razón que justifique el incumplimiento de la petición de un superior. Incluso cuando debas hacerlo por razones legales o morales, vigila el tono y el espíritu con el que te niegas a obedecer.

Observa la sensibilidad que Daniel, el cautivo judío, utilizó para responder a la orden del rey de comer comida que para él era impura.

"Y les señaló el rey ración para cada día, de la provisión de la comida del rey, y del vino que él bebía; y que los criase tres años, para que al fin de ellos se presentasen delante del rey… Y Daniel propuso en su corazón no contaminarse con la porción de la comida del rey, ni con el vino que él bebía; pidió, por tanto, al jefe de los eunucos que no se le obligase a contaminarse" (Dn. 1:5, 8).

¡Cuánta inteligencia y diplomacia! Daniel no se mostraba desafiante aun cuando había decidido que, en ninguna circunstancia, iba a cumplir la orden. Su humilde petición de una dieta vegetariana quedó garantizada, y todo terminó bien.

Una actitud de insubordinación te comprará un billete de ida a ningún destino. (Si tienes que enfrentarte con un subordinado insubordinado, corta de raíz su comportamiento irrespetuoso. Cuando se tolera la insubordinación, los empleados se envalentonan y continúan con ella. Antes de que te des cuenta, habrás perdido el respeto del resto de los empleados y de tus compañeros).

No importa si eres esposa, empleado, estudiante o adolescente desafiante, lo importante es que debes saber que Dios odia la rebelión y la considera pecado. Las Escrituras nos recuerdan que "…El obedecer vale más que el sacrificio, y el prestar atención, más que la grasa de carneros. La rebeldía es tan grave como la adivinación, y la arrogancia, como el pecado de la idolatría…" (1 S. 15:22-23, NVI).

Cuando pienses en tu tendencia a ser desafiante,

intenta descubrir y entender la causa que la provoca, que podría ser alguna de las siguientes:

- una historia de sufrimiento o de haber sido víctima de algo;

- falta de respeto de un superior;

- orgullo por tener habilidades superiores a las de otros;

- tratamiento injusto por parte de la autoridad;

- estratagema para probar la sinceridad, el cuidado o la preocupación de alguien con autoridad.

Comprométete hoy mismo a eliminar de ti el mal de tener una actitud desafiante. Detente y ora pidiendo fortaleza para responder cuando la tentación de la rebeldía aparezca.

"El rebelde no busca sino el mal, y mensajero cruel será enviado contra él" (Pr. 17:11).

¿No has sido suficientemente "castigado" por tu actitud desafiante (pérdida de trabajo, pérdida de ascenso, mala relación con el cónyuge o los padres)? ¿Quieres seguir pagando el precio de tal actitud? La elección es tuya.

Oración

Padre, me arrepiento de ser rebelde. Recuérdame cada día que toda autoridad viene de ti y que cuando me resisto a ella, me resisto a ti. Fortaléceme para poder someterme. En el nombre de Jesús. Amén.

Día 28

Actitud egoísta

Tendencia a centrarse en las necesidades y
los intereses de uno y no en los de los demás

"Te mereces un descanso hoy".

"Vamos por el número uno".

"¿Qué saco yo de eso?".

Estas expresiones populares representan la actitud de nuestra época. ¿Cómo hemos llegado al punto de estar tan centrados en todo lo que suponga autogratificación, superación personal, autoconocimiento e indulgencia con uno mismo, que cada vez nos preocupan menos las necesidades y el bienestar de los demás?

Todos hemos nacido en el pecado y por lo tanto tenemos un cierto egoísmo inherente. Sin embargo, también se nos *enseña* a ser egoístas. Entonces, ¿quién fue el culpable, el *maestro* en tu vida? ¿Fueron esos padres obsesionados con el trabajo o siempre ausentes que te pusieron pocos o ningún límite porque se sentían culpables por no pasar más tiempo contigo? ¿Los padres indulgentes que querían asegurarse de que disfrutaras de todos los privilegios que a ellos les negaron en la infancia? ¿La ausencia de modelos de comportamiento desinteresados? ¿O fue algún suceso posterior a la infancia, por ejemplo un daño emocional fuerte que te hizo tambalear y a partir del cual decidiste no volver a amar de manera tan incondicional?

¿O quizá estás tan abrumado intentando sobrevivir al día a día que no tienes energía suficiente para pensar en otra cosa que no sean tus propias necesidades? Las causas del egoísmo son interminables; no obstante, no justifican que sea el centro de nuestra vida. Dios espera que todos sus hijos se nieguen a sí mismos y se dediquen a vivir su vida entregados al servicio de los demás.

Pensemos en un hombre al que llamaré Raúl. Aunque dice ser un hijo de Dios, es uno de los hombres más egoístas que he conocido. Prácticamente cada actividad a la que participa es por su propio beneficio. Siempre está pensando en las ventajas que puede sacar de cualquier acto de amabilidad. Realiza gran cantidad de favores para poder luego pedir algo cuando lo necesita. ¿Sacrificarse él? ¡Nunca!

¿Quién le permitió convertirse en un ser tan egoísta? Unos cuantos hermanos bienintencionados que decidieron que él era especial porque era el más pequeño de todos, además de unas cuantas novias desesperadas que no pudieron resistirse a su encanto. Pídele que sacrifique un minuto de su tiempo, incluso para emplearlo en su anciana madre, y él te dará toda una lista de excusas. Su egoísmo está atrincherándose cada vez más. Por raro que parezca, siempre tiene una necesidad apremiante. El egoísmo te mantiene atrapado en la carencia; no llega nada a una mano que está cerrada.

El egoísmo es difícil de eliminar, pero es una fortaleza que debemos conquistar si queremos experimentar la paz y el gozo que da sentido a la vida. Vamos a necesitar mucho apoyo para contrarrestar esta actitud negativa, porque nuestras justificaciones para ser como somos sabotearán nuestro deseo de cambio. Este es el plan:

- Hazte responsable ante otra persona y dale permiso para controlar tus progresos.

- Busca una oportunidad de emplear tu tiempo y talento en una causa que merezca la pena. Es necesario que te acerques y te involucres para poder entender bien los padecimientos de los demás.

  Yo sólo era remotamente consciente de la pobreza en mi país hasta que hice un viaje a los montes Apalaches con *World Mission USA* [Misión mundial norteamericana], una asociación humanitaria cristiana. Allí conocí a una mujer que nos contó cómo había orado por algo tan básico como una fregona para limpiar el suelo, en los Estados Unidos, la tierra de la abundancia. Esto me rompió el corazón. El impacto no hubiera sido igual de fuerte si simplemente hubiera leído sobre el tema y hubiera hecho una donación. Ver la necesidad con tus propios ojos hace que te vuelvas más comprensivo y enciende tu generosidad.

- Deshazte de algo que te gusta de verdad y que preferirías guardar para ti. (Este es un buen reto también para tus hijos). El objetivo es empezar a romper tus ataduras emocionales hacia las cosas. No empieces a almacenar cada vez más cosas para ti. Recuerda el trágico fin del hombre rico del que Jesús habló en su parábola (Lc. 12:16-21), que no pensó en repartir lo que le sobraba de la cosecha con los demás, sino que se jactaba de que iba a edificar graneros más grandes y se dedicaría a comer, beber y ser feliz. Dios se llevó su alma aquel mismo día.

• Gradúate en benevolencia anónima. Déjale a una persona necesitada, por ejemplo un anciano, un estudiante o un padre soltero, un regalo de dinero en un sobre. No pongas tu nombre en él y no se lo digas a nadie. No, no puedes deducir esto de tus impuestos, pero Dios promete devolvértelo, así que puedes esperar que lo haga en el momento adecuado.

"A Jehová presta el que da al pobre, y el bien que ha hecho, se lo volverá a pagar" (Pr. 19:17).

B. C. Forbes, fundador de la revista *Forbes*, dijo sobre el egoísmo: "Nunca he conocido ningún ser humano, humilde o de buena posición, que lamentara, al llegar al final de su vida, haber hecho buenas obras. Pero he conocido a más de un millonario que se ha sentido perseguido por la idea de haber llevado una vida egoísta".[8]

Quiero dejar claro que este llamamiento a dejar de ser egoístas no es un llamamiento a dejar de preocuparse por uno mismo. Debes estar alerta y no sacrificarte por los demás hasta el punto de poner en riesgo tu salud y tu bienestar mental, y convertirte en un resentido por hacerlo. Esto no es lo que quiere Dios. Decir "no" en ocasiones puede ser la respuesta adecuada a una petición. Lo importante es tomar decisiones desde un corazón puro lleno de amor y sabiduría.

Oración

Padre, te doy las gracias por cada recurso y ventaja que me has concedido. Ayúdame a recordar siempre que estas bendiciones son tuyas y que debo compartirlas con los demás para tu gloria y no para utilizarlas sólo para mí. En el nombre de Jesús. Amén.

Día 29

Actitud mediocre

Tendencia a estar satisfecho con resultados normales e incluso ligeramente inferiores a lo normal

La criada pasó el paño del polvo por los bordes de la pila de libros que había sobre la mesa; sin embargo, no levantó el montón de libros para limpiar el polvo debajo. *Con esto será suficiente* —pensó y siguió adelante con sus tareas.

Por la tarde, cuando el dueño de la casa se sentó allí a leer, accidentalmente golpeó el montón de libros, y estos cayeron al suelo. Al empezar a colocarlos de nuevo, se dio cuenta de la capa de polvo que había. "¡Qué difícil es encontrar buena ayuda!" —suspiró con resignación.

Ahí tenemos otra vez la actitud mediocre. Se ha convertido en la norma de nuestra sociedad.

Mientras escribo esto, la anestesia que me pusieron esta mañana para mi operación se está disipando. El hospital donde me realizaron la intervención tiene una nueva gerencia. Cuando entré en el edificio esta mañana, vi algunos carteles en los que se dejaba implícito que la excelencia era la nueva norma. Las actitudes del guardia de seguridad, de los técnicos de rayos X, de las enfermeras, del anestesista que respondió a mis interminables preguntas y de todos los que me encontré demostraron que trataban de conseguir la excelencia en su trabajo y la satisfacción del paciente. ¡Vaya contraste con algunas de las experiencias anteriores en otros hospitales!

¿Tienes una mentalidad de mediocridad respecto a ciertas tareas? Si es así, piensa en el nivel de frustración que experimentarías si aquellos que tienen que servirte a ti tuvieran esa misma actitud. ¿Qué te parecería si en el restaurante te sirvieran la comida a medio hacer o la bebida en un vaso no demasiado limpio? ¿Qué pasaría si tu ayudante corrigiera un par de comas a mano en lugar de molestarse en entrar las correcciones y volver a imprimir la carta?

¿Te das cuenta de lo fácil que es ver las cosas cuando piensas en el comportamiento de otra persona?

Ahora fíjate bien en tus propias acciones. ¿Hay actividades, tareas o deberes que tú haces con la mentalidad del "con esto bastará" en tu vida profesional o personal? Por ejemplo, ¿intentas solucionar un problema, aunque tengas que buscar la respuesta fuera de tu sector o no vayas a recibir reconocimiento por el resultado?

Si estás listo para enfrentarte a la mediocridad, las siguientes estrategias pueden ponerte en el buen camino para superar esta actitud.

Reconoce áreas específicas en las que no seas un modelo de excelencia. Ora para que Dios intervenga en tu manera de pensar y así poder establecer nuevas normas en tu vida.

Persigue la excelencia, pero no el perfeccionismo. El perfeccionismo es la necesidad de sentirte libre de toda culpa. Cuando tratas de hacerlo pasar por excelencia, te das cuenta de que la gloria es para ti y para tus esfuerzos, y no para Dios. Así que evita esto. La excelencia es hacer todo lo posible para alcanzar un objetivo.

Date cuenta de que la excelencia requiere tiempo y esfuerzo extra. De hecho, *excelencia* significa que se debe ir más allá de la norma.

Una vez contraté a una contadora que tenía una actitud tan mediocre que yo temía repasar sus archivos de reconciliación bancaria. Ella dejaba sin comprobar durante meses los cheques de grandes cantidades e incluso los propios depósitos de la compañía. Cuando enseñaba Contabilidad en la universidad, me di cuenta de que algunos estudiantes solo aprendían la mecánica de resolución de los problemas, pero no se molestaban en aprender la teoría que llevaba a esa solución. Ellos mismos se ponían en una grave desventaja.

Admito que tengo tendencia a ser mediocre en determinadas tareas del hogar. Cuando recolocamos cuadros en las paredes, suelo limitarme a colgar un cuadro en el sitio donde estaba el otro con la intención de limpiar después. Mi esposo, el señor "don Limpio", insiste en limpiar toda la pared y el cristal del cuadro antes de colocarlo en su lugar, lo cual lleva mucho tiempo. Mi objetivo, por supuesto —como el de la mayoría de los que tienen una forma de pensar mediocre respecto a cierto asunto—, es acabar con el proyecto y pasar al siguiente.

Evita a las personas con malos hábitos de trabajo o que desdeñan tus esfuerzos por conseguir la excelencia. ¿Consiguen ellos los resultados que deseas?

He trabajado en varios lugares donde el director ejecutivo viajaba mucho o apenas estaba en la oficina. El viejo refrán: "Cuando el gato duerme, los ratones bailan" no puede ser más cierto. Invariablemente, algún compañero de trabajo me daba un discurso sobre que "las compañías ya no eran tan leales como antes", "la vida es demasiado corta para trabajar tanto", "hoy es un día muy lindo como para estar aquí encerrado" y una larga lista de excusas para justificar su mediocridad. Yo sencillamente seguía trabajando.

Siempre he tenido que estar en guardia en mi vida personal, en especial como mujer casada. Tengo amigos solteros o quienes se han rendido en la búsqueda de un compañero para toda la vida, que se mofan de mis esfuerzos por mantener vivo el fuego de mi matrimonio. "Ya le has echado el lazo, ¿para qué te molestas en hacer todo eso?" Ignoro ese tipo de comentarios. Con más de treinta años de matrimonio a nuestras espaldas, Darnell y yo todavía nos lanzamos sobre el enjuague bucal cuando escuchamos que el otro está entrando en el garaje; valoramos el sabor de un beso fresco. Siempre me abre la puerta, a veces a pesar de mis protestas cuando llueve mucho o hace mucho frío y nos apresuramos a meternos en el auto. Hemos cultivado el hábito de hacer lo que sea necesario para apoyarnos en nuestros mutuos esfuerzos.

Aristóteles dijo: "Somos lo que hacemos día a día; de modo que la excelencia no es un acto, sino un hábito".

Estudia u observa las vidas de las personas que se han destacado en su campo. Aprende sus hábitos y sigue su modelo. Puedes empezar ahora mismo. Piensa en alguien cuya excelencia admires. Identifica uno de sus rasgos de carácter o uno de los hábitos que te gustaría emular (por ejemplo, mantenerse centrado o perseverar cuando encuentra resistencia). Comprende el modo en que Dios recompensa la excelencia:

> *"¿Has visto hombre solícito en su trabajo? Delante de los reyes estará; no estará delante de los de baja condición"* (Pr. 22:29).

No toleres la mediocridad de aquellos que están bajo tu autoridad. Esto no significa que debas convertirte en un tirano; más bien quiere decir que debes establecer un modelo de alto nivel. También debes tener el valor de imponer consecuencias adecuadas cuando las personas que diriges no cumplen con esos niveles. Resultados: mayor autoestima y mayor respeto por los demás.

Realiza cualquier tarea como si te la pidiese Dios y Él fuera a valorar tu forma de llevarla a cabo. "Ojos que no ven, corazón que no siente" no es un dicho aplicable a Dios. Él conoce todas tus actividades. "Y todo lo que hagáis, hacedlo de corazón, como para el Señor y no para los hombres; sabiendo que del Señor recibiréis la recompensa de la herencia, porque a Cristo el Señor servís" (Col. 3:23-24). Esta es la mejor razón para mantener una ética firme en el trabajo, incluso cuando el jefe no está cerca.

Oración

"¡Oh Jehová, Señor nuestro, cuán glorioso es tu nombre en toda la tierra! Has puesto tu gloria sobre los cielos" (Sal. 8:1). Te pido que me hagas desear la excelencia en todo lo que hago. Ayúdame a vivir siendo consciente siempre de tu mirada vigilante y amorosa para que pueda hacer las cosas a tu modo y no al modo del hombre. En el nombre de Jesús. Amén.

Día 30

Actitud controladora

Ser exigente; intentar manipular el comportamiento y las decisiones de los demás

Es raro que una persona esté dispuesta a admitir que tiene una actitud controladora. Todos sabemos que es una forma de pensar tóxica y preferimos dar a este comportamiento una etiqueta más aceptable, como perfeccionismo, determinación o personalidad fuerte. En lugar de forzarte a confesar, voy a pedirte que hagas un pequeño test. Simplemente "di la verdad, aunque no quedes bien" (como solían decir mis mayores) y, muy pronto, estarás en camino hacia la sanidad.

1. ¿Te irrita o te pone de mal humor que alguien no haga lo que tú quieres que haga?

2. ¿Les echas la culpa a los demás cuando alguien te señala tus errores?

3. Generalmente, ¿obligas a otros a acatar tu perfeccionismo o a trabajar más rápido o durante más tiempo?

4. ¿Has fingido alguna vez estar emocionalmente afligido, enfermo o con intenciones de suicidarte para manipular las decisiones de otro o captar su atención o simpatía?

5. ¿Criticas las opiniones o elecciones de otros para así posicionarte en un nivel superior al suyo?

6. ¿Te inquietas o te vuelves violento (verbal o físicamente) cuando alguien está en desacuerdo contigo o pone a prueba tu autoridad?

7. ¿Te cuesta hacer cumplidos a los demás y, por el contrario, sueles "arreglar" cosas "que no están bien" con ellos?

8. ¿Te resulta difícil decirle a alguien: "Te necesito"?

9. ¿Intentas causar problemas o crear distancia entre tu cónyuge, un amigo, un pariente o un compañero de trabajo y alguien que los ama o apoya?

10. ¿Ladras órdenes a tus empleados, a los camareros, a los amigos, a tu cónyuge o a otras personas, y omites palabras amables, como "por favor" y "gracias"?

Aunque no soy psicóloga, y este no es un test específico, creo que tú mismo puedes emitir un veredicto sobre tu comportamiento. Incluso aunque solo contestes afirmativamente a un par de preguntas, es muy probable que estés batallando con la actitud controladora. ¿Te has parado alguna vez a pensar en cómo afecta a los demás

tu comportamiento? Si no lo has hecho, déjame que
te dé una ligera idea. Este es un extracto de un correo
electrónico que he recibido hoy mismo de una mujer
que se ha hartado ya del comportamiento controlador
de una amiga:

> Mi amiga y yo nos alojamos en un motel para
> asistir a una conferencia bíblica fuera de la ciudad.
> Nos asignaron una habitación para no fumadores;
> no obstante, ella fumó. Ella tiene un carácter muy
> fuerte y controladora. Debería haberle dicho algo,
> pero no lo hice. El motel me multó con $ 150. Ade-
> más, durante el fin de semana, mi amiga me dijo qué
> hacer y cuándo hacer casi cada cosa. Me aguanté
> sin decir nada porque no quería discutir. Cada vez
> que intento expresar mis desacuerdos con ella, se
> enoja mucho. Me parece que me cuesta demasiado
> marcar los límites con ella. ¡Ayuda!

Cuando leí de nuevo el correo, las palabras clave
salieron a la luz: "Ella tiene un carácter muy fuerte";
"me cuesta demasiado marcar los límites con ella". La
autora del mensaje no sabía que había revelado la solución al problema, porque ahí está el secreto del éxito del
controlador: las personas tienen miedo de marcarle los
límites, de establecer y reforzar las fronteras emocionales. Por lo tanto, los controladores, por la fuerza misma
de su personalidad o el poder de la posición social que
ocupan, pasan por encima de aquellos que se someten
fácilmente a su dominio y manipulación en lugar de
enfrentarse a su ira.

Irónicamente, las personas controladoras tienen pánico total a perder el control. El experto en relaciones Joshua Uebergang explica:

> Para ellos es más fácil controlar a las personas que relacionarse con ellas con respeto y dignidad. A ellos, tener una actitud controladora les ahorra energía y tiempo. Estas personas se ven a sí mismas actuando como un Dios todopoderoso que dirige y domina las vidas de los demás. En su vida el problema no está en dar órdenes, sino en recibirlas.[9]

Jezabel, la malvada esposa de Acab, rey de Israel, era una controladora consumada. Como vimos en el capítulo veinticuatro, "Actitud huraña", Acab quería comprar una viña que estaba al lado del palacio para hacer un huerto. Sin embargo, Nabot, el dueño de la viña, se negó a vendérsela. Cuando Acab le relató la historia a Jezabel, ella mostró una total indiferencia hacia la decisión de Nabot. Ideó un plan para acusarlo falsamente y para que fuera lapidado hasta la muerte.

> *"Y su mujer Jezabel le dijo: ¿Eres tú ahora rey sobre Israel? Levántate, y come y alégrate; yo te daré la viña de Nabot de Jezreel. Entonces ella escribió cartas en nombre de Acab, y las selló con su anillo, y las envió a los ancianos y a los principales que moraban en la ciudad con Nabot. Y las cartas que escribió decían así: Proclamad ayuno, y poned a Nabot delante del pueblo; y poned a dos hombres perversos delante de él, que atestigüen contra él y digan: Tú has blasfemado a Dios y al rey. Y entonces sacadlo, y apedreadlo*

para que muera. Y los de su ciudad, los ancianos y los principales que moraban en su ciudad, hicieron como Jezabel les mandó, conforme a lo escrito en las cartas que ella les había enviado… Cuando Jezabel oyó que Nabot había sido apedreado y muerto, dijo a Acab: Levántate y toma la viña de Nabot de Jezreel, que no te la quiso dar por dinero; porque Nabot no vive, sino que ha muerto" (1 R. 21:7-11, 15).

Muy bien, señor/a controlador/a, ha llegado el momento de reaccionar. Piensa en una persona o grupo al que sueles controlar. ¿Qué temes que pueda pasar si los tratas con respeto honrando sus elecciones? ¿Es el miedo y la intimidación la única manera que tienes para mantener esa relación? ¿No sería mejor ganarte su amor verdadero siendo cuidadoso en lugar de duro, o quieres que se sometan por miedo? ¿Por qué no piensas en acudir a un consejero para llegar a la raíz del problema más profundo que te lleva a comportarte de esa forma? Durante la próxima semana, intenta no criticar ni quitarle a nadie su derecho a elegir. Recuerda que incluso Dios da a las personas el poder de elegir. Continúa con este reto durante un par de semanas más o el tiempo que sea necesario para mantener esta actitud controladora bajo control.

No puedo concluir este capítulo sin decirte que si eres la víctima de un controlador, te distancies de él ahora para proteger tu autoestima y tu bienestar emocional. Él considera tu consentimiento continuado como aceptación de su comportamiento. Si el controlador es tu cónyuge, busca la guía de Dios para que te dé el coraje

de establecer fronteras y límites sanos —con consecuencias— para relacionarte con él/ella en el futuro.

Oración

Padre, ahora pongo esta tóxica actitud ante tu altar.
Líbrame de los temores que me llevan a controlar a otros.
Ayúdame a amar a las personas de la manera en que Tú
las amas. No puedo hacer esto sin tu poder capacitador.
En el nombre de Jesús. Amén.

Epílogo

Tú eliges tu actitud

Decir: "La actitud lo es todo" suena muy trillado. Pero supongo que podría decirse eso sobre cualquier verdad duradera que cambia la vida, incluso sobre la frase: "Dios te ama". El hecho de que resulte familiar no disminuye su realidad o relevancia.

El doctor Viktor Frankl, psiquiatra austriaco y sobreviviente de un campo de concentración nazi, es mi héroe en lo referente a la actitud. Hablando sobre los horrores de la cautividad, explicó:

> Si un prisionero creía que no podía soportar más la realidad de la vida en el campo de concentración, encontraba una salida en la vida mental: una oportunidad inestimable de habitar en el reino espiritual, el único que las Schutzstaffel (SS) eran incapaces de destruir. La vida espiritual fortalecía al prisionero, le ayudaba a adaptarse, y con ello mejoraban sus oportunidades de sobrevivir.[10]

Incluso aunque no estés física, económica o emocionalmente preparado, una fe fuerte te mantiene fortalecido para los inevitables problemas, las frustraciones y las decepciones de la vida.

La forma más eficaz de mantener una buena actitud es tener una perspectiva divina de tu vida. Debes elegir enmarcar cada experiencia negativa a la luz de la Palabra de Dios. Contrólate constantemente. Si no hay una referencia bíblica para tu situación específica siempre puedes acudir a Romanos 8:28, que resulta adecuado para cada suceso negativo: "Y sabemos que a los que aman a Dios, todas las cosas les ayudan a bien, esto es, a los que conforme a su propósito son llamados".

Repito esto muchas veces cada día; incluso ayer cuando iba corriendo al garaje y rasgué mi traje favorito (y de verdad era mi *favorito*) con un trozo de metal que sobresalía. Mi primer impulso fue enojarme con mi esposo, que había estado esperando (algo impaciente) en el auto, y con Dios por permitir que esto pasara. Decidí practicar lo que he predicado en los capítulos anteriores.

Bien —me dije a mí misma mientras respiraba hondo—, *no voy a asignar ninguna emoción negativa a esta situación durante un momento. Voy a absorber la realidad y finalidad del hecho. El vestido no se puede arreglar. Cualquier actitud negativa que tome no va a cambiar esto. Por lo menos no me corté en la pierna. Además, ¿quién sabe de qué contratiempo nos habrá protegido este retraso?*

Me asombró comprobar cómo me sentía por dentro. No le echaba la culpa a mi esposo, no lamentaba la pérdida de mi vestido. Para cuando decidí que quería tratar la decepción o frustración que pudiera sentir, el impacto ya había disminuido en gran manera. Pensé: *¡Funciona de verdad!*

No toleres una actitud errónea en ninguna área de tu vida. Desde el sentirte con derecho a algo, hasta el racismo, pasando por cualquiera de las treinta actitudes de las que hemos hablado, pregúntate siempre a ti mismo: *¿Cómo llegué a tener esta manera de pensar, cómo me está afectando en mi vida y en mis relaciones, y qué dice la Palabra de Dios sobre ella?* También debes tener cuidado para no solidificar una disposición negativa con tus palabras. Reafirma tu fe y no tus temores. En lugar de decir: "Esto no sucederá nunca; no puedo alcanzar mi objetivo", intenta decir: "Como soy justo, Dios me rodeará con su favor como un escudo" (ver Sal. 5:12).

Sigue esperando lo mejor de todo el mundo, pero no te hundas cuando ellos no cumplan con tus expectativas. Libéralos. Nadie es perfecto. Simplemente da gracias por las personas que aportan alegría a tu vida. Procura estar entre los miles de personas que hay en el mundo con un corazón de oro que sirven a los demás desinteresadamente cada día. No es fácil que encuentres sus fotos en las portadas de las publicaciones más populares, pero existen.

Cuando te hayas decidido a mostrar una buena actitud en todas las circunstancias, te darás cuenta de que hay personas que necesitan ver un "auténtico ejemplo" en acción. Recuerda esto cuando te sientas tentado a tomar represalias, a juzgar o a impacientarte. Di para ti: *Esta es una oportunidad de ser modelo de actitud adecuada para la gloria de Dios.*

El popular pastor y profesor de radio Charles R. Swindoll resume la esencia del mensaje de este libro. Te dejo con sus palabras:

Creo que la decisión personal más importante que puedo tomar a diario es elegir la actitud que voy a tener. Es más importante que mi pasado, mi educación, mis recursos financieros, mis éxitos y fracasos, la fama o el dolor, lo que los demás piensan o dicen de mí, mis circunstancias o mi posición. La actitud es ese "único hilo" que me hace continuar avanzando o impide mi progreso. Solo ella alimenta mi fuego o ataca mi esperanza. Cuando mis actitudes son las correctas, no hay barrera lo suficientemente alta, no hay valle demasiado profundo, no hay sueño que no pueda cumplirse ni reto que sea demasiado grande para mí.[11]

Notas

1. Caroline Leaf, *Who Switched Off My Brain?* [¿Quién desconectó mi cerebro?] (Dallas, TX: Switch on Your Brain USA Inc., 2008), p. 20.

2. Richard Stearns, *The Hole in Our Gospel* [El agujero en nuestro evangelio] (Nashville: Thomas Nelson Publishers, 2009), p. 9.

3. Crown Financial Ministries, "Being Excellent in a Mediocre World" [Ser excelente en un mundo mediocre], en línea: www.crown.org/Library/ViewArticle.aspx?ArticleId=257 (acceso: 30 de marzo de 2009).

4. Deborah Smith Pegues, *30 Days to Taming Your Stress* [*Controla tu estrés en 30 días*] (Eugene, OR: Harvest House Publishers, 2007), p. 24. Publicado en español por Editorial Portavoz.

5. En línea: http://creatingminds.org/quotes/change.htm (acceso: 13 de abril de 2009).

6. En línea: http://www.anecdotage.com/browse.php?term=Sarcasm (acceso: 16 de abril de 2009).

7. Stephen R. Covey, *The Seven Habits of Highly Effective People* [*Los 7 hábitos de la gente altamente efectiva*] (New York: Simon and Schuster, 1989), p. 219. Publicado en español por Editorial Paidos Ibérica.

8. En línea: http://www.brainyquote.com/quotes/authors/b/b_c_forbes.html (acceso: 17 de abril de 2009).

9. Joshua Uebergang, "Dealing with Controlling People" [Tratar con gente controladora], en línea: www.freerelationship-advice.org/2007/dealing-with-controlling-people.php (acceso: 7 de abril de 2009).

10. Viktor E. Frankl, *Man's Search for Meaning* [*El hombre en busca de sentido*] (New York: Washington Square Press, 1997), p. 123. Publicado en español por Editorial Herder.

11. Charles R. Swindoll, *Strengthening Your Grip* [*Afirme sus valores*] (Waco, TX: Word Books, 1982), p. 207. Publicado en español por Caribe Betania.

Apéndice 1

Citas famosas sobre la actitud

"Todo se le puede quitar a un hombre, excepto una cosa: la última de las libertades humanas, elegir qué actitud tomar en cualquier circunstancia". —Viktor Frankl

"El pesimista es el que encuentra dificultades en las oportunidades, y el optimista, el que transforma sus dificultades en oportunidades". —Harry S. Truman

"La actitud es una insignificancia que marca la diferencia". —Winston Churchill

"De todas las actitudes que podemos adquirir, de seguro la gratitud es la más importante y, por mucho, la que más nos cambia la vida". —Zig Ziglar

"Si creo que no puedo hacer algo, eso me hace incapaz de hacerlo. Pero cuando creo que puedo, entonces adquiero la habilidad de hacerlo aun cuando no la tenía en un principio". —Mahatma Gandhi

"Las actitudes no son más que hábitos de pensamiento, y los hábitos se pueden adquirir. Una acción repetida se convierte en una actitud conseguida". —Paul Meier

"Lo que hagas hazlo muy bien para que cuando las personas vean lo que haces, quieran verte hacerlo de nuevo… y traigan a más personas con ellos para mostrarles lo que haces". —Walt Disney

"Una persona feliz no es una persona en determinadas circunstancias, sino una persona con determinadas actitudes". —Hugh Downs

"Las cosas les van mejor a aquellos que sacan el mejor partido de cómo van las cosas". —Art Linkletter

"Un día nublado no puede competir con un temperamento resplandeciente". —William Arthur Ward

"Una persona amistosa vive en un mundo amistoso. Una persona hostil vive en un mundo hostil. Todo aquel con quien te encuentras es tu espejo". —Ken Keyes hijo

"Una actitud sana es contagiosa, pero no esperes a contagiarte de los demás. ¡Sé portador de ella!". —Tom Stoppard

"Estar en un buen marco de pensamiento ayuda a mantenerse dentro del cuadro de la salud". —Anónimo

"No es nuestra posición sino nuestra disposición lo que nos hace felices". —Anónimo

Apéndice 2

Escrituras para mantener una buena actitud

"Estad siempre gozosos. Orad sin cesar. Dad gracias en todo, porque esta es la voluntad de Dios para con vosotros en Cristo Jesús" (1 Ts. 5:16-18).

"Y sabemos que a los que aman a Dios, todas las cosas les ayudan a bien, esto es, a los que conforme a su propósito son llamados" (Ro. 8:28).

"Porque esta leve tribulación momentánea produce en nosotros un cada vez más excelente y eterno peso de gloria" (2 Co. 4:17).

"Y esta es la confianza que tenemos en él, que si pedimos alguna cosa conforme a su voluntad, él nos oye. Y si sabemos que él nos oye en cualquiera cosa que pidamos, sabemos que tenemos las peticiones que le hayamos hecho" (1 Jn. 5:14-15).

"Porque yo sé los pensamientos que tengo acerca de vosotros, dice Jehová, pensamientos de paz, y no de mal, para daros el fin que esperáis" (Jer. 29:11).

"Porque mis pensamientos no son vuestros pensamientos, ni vuestros caminos mis caminos, dijo Jehová. Como son más altos los cielos que la tierra, así son mis caminos más altos que vuestros caminos, y mis pensamientos más que vuestros pensamientos" (Is. 55:8-9).

"Queridos hermanos, no se extrañen del fuego de la prueba que están soportando, como si fuera algo insólito. Al contrario, alégrense de tener parte en los sufrimientos de Cristo, para que también sea inmensa su alegría cuando se revele la gloria de Cristo" (1 P. 4:12-13, NVI).

"Por la misericordia de Jehová no hemos sido consumidos, porque nunca decayeron sus misericordias. Nuevas son cada mañana; grande es tu fidelidad" (Lm. 3:22-23).

";Quién es el hombre que desea vida, que desea muchos días para ver el bien? Guarda tu lengua del mal, y tus labios de hablar engaño. Apártate del mal, y haz el bien; busca la paz, y síguela… Muchas son las aflicciones del justo, Pero de todas ellas le librará Jehová" (Sal. 34:12-14, 19).

E D I T O R I A L
PORTAVOZ

NUESTRA VISIÓN

Maximizar el efecto de recursos cristianos de calidad que
transforman vidas.

NUESTRA MISIÓN

Desarrollar y distribuir productos de calidad —con
integridad y excelencia—, desde una perspectiva bíblica y
confiable, que animen a las personas a conocer y servir a
Jesucristo.

NUESTROS VALORES

*Nuestros valores se encuentran fundamentados en la
Biblia, fuente de toda verdad para hoy y para siempre.
Nosotros ponemos en práctica estas verdades bíblicas como
fundamento para las decisiones, normas y productos de
nuestra compañía.*

Valoramos la excelencia y la calidad
Valoramos la integridad y la confianza
Valoramos el mérito y la dignidad de los individuos
y las relaciones
Valoramos el servicio
Valoramos la administración de los recursos

Para más información acerca de nuestra editorial y los
productos que publicamos visite nuestra página en la red:
www.portavoz.com